Münsterschwarzacher Kleinschriften

herausgegeben
von den Mönchen der Abtei Münsterschwarzach

Band 131

Johanna Domek

Das Leben
wieder spüren

12 Schritte
aus der Abhängigkeit

Vier-Türme-Verlag

Die Deutsche Bibliothek – CIP-Einheitsaufnahme
Ein Titeldatensatz für diese Publikation ist bei
Der Deutschen Bibliothek erhältlich.

2. Auflage 2006
© Vier-Türme GmbH, Verlag Münsterschwarzach
Alle Rechte vorbehalten
Umschlaggestaltung: Morian & Bayer-Eynck, Coesfeld
Umschlagmotiv: John Fox Images
Gesamtherstellung: Benedict Press, Münsterschwarzach
ISBN-10: 3-87868-631-5
ISSN-13: 978-3-87868-631-6
ISSN 0171-6360

Inhalt

Abt Fidelis Ruppert – Zum Geleit   7

Einführung   10

I.   Wegbilder in den Religionen   15
Wegbilder in der indischen
und chinesischen Tradition   16
Der Weg nach Mekka – Islam   18
Die jüdische Tradition   19
Die christliche Tradition   21
Umkehr – Metanoia   24
Zum persönlichen Weiterdenken   26

II.   Das 12-Schritte-Programm   29
Die Herkunft der 12 Schritte   30
Die 12 Schritte der AA   33
Die Erfahrung von Ohnmacht und Scheitern   35
Zum persönlichen Weiterdenken   38

III. Den Kampf aufgeben – die Kapitulation   41
Die Kapitulation (erster Schritt)   41
Werkzeuge des Nichtkämpfens   44
Gewaltlos, nicht kraftlos
(zweiter und dritter Schritt)   47
Zum persönlichen Weiterdenken   50

IV. Inventur und Ehrlichkeit (vierter Schritt)   53

    »Da ging er in sich ...« (Lukas 15)   55

    Meditationsanregung   58

    Zum persönlichen Weiterdenken   62

V. Schritte in die Versöhnung   65

    Zugeben (fünfter Schritt)   66

    Loslassen (sechster Schritt)   69

    Wünschen können – bitten lernen
    (siebter Schritt)   72

    Den Schaden ansehen (achter Schritt)   76

    Es »wieder gut machen« (neunter Schritt)   79

    Aufmerksam lebendig sein
    (zehnter und elfter Schritt)   81

    Leben weitergeben (zwölfter Schritt)   88

VI. Eine wirklich gute Botschaft   91

Anmerkungen   93

Literatur zum Thema   96

Abt Fidelis Ruppert – Zum Geleit

Alkoholiker gelten als Außenseiter, oft als *Asoziale*. Zusammen mit Drogensüchtigen und Prostituierten lokalisiert man sie an den Rand der Gesellschaft und der Kirche. Schon aus der Zeit Jesu kennen wir solche Platzzuweisungen (Matthäus 9,10).

Wo aber ist der Platz derer, die am Alkohol verdienen und an der eindrucksvollen Reklame? Man bedenke nur die endlosen Debatten über die Alkohol- und Zigarettenreklame! Wo haben die ihren Platz, die am Drogenhandel reich werden und jene, die auf der politischen Ebene das Geschäft schützen und kräftig davon profitieren? Und die Kunden der Prostitution kommen auch nicht einfach aus dem sogenannten asozialen Milieu, sondern genauso aus der eleganten Mittel- und Oberschicht, aus den »Palästen der Könige«, (Mt 11,8). Die Platzverteilung scheint gar nicht so einfach zu sein, wie es auf den ersten Blick aussieht.

Wer erstmals auf das Programm der Anonymen Alkoholiker stößt, kann nur überrascht und dann fasziniert sein. Menschen, die ›ganz unten‹ sind, machen eine Wandlung durch, die ehrlicher und radikaler nicht sein könnte. Selbst der Täufer Johannes wäre wohl mit der Radikalität dieser

Umkehr zufrieden. Und die völlige Hingabe des Willens und des Lebens an Gott, weil nur er die Heilung bewirken kann, wie es im dritten der 12 Schritte formuliert wird, stimmt ganz mit der Aufforderung Jesu überein, sich völlig der Vorsehung des Vaters hinzugeben. Und auch an der gewaltfreien Methode der Anonymen Alkoholiker hätte Jesus wohl seine Freude. Sie ist kein gewaltsames Umkrempeln von Menschen. Die Umkehr und Heilung wird ermöglicht durch offenes Erzählen in der Gruppe und durch offenes Zuhören, das nicht urteilt, sondern Mut und Vertrauen schenkt.

Dieser geradezu biblische Umkehr- und Heilungsprozeß scheint mir in der Mitte der biblischen Botschaft seinen Platz zu haben. Die 12 Schritte der Anonymen Alkoholiker können in die Herzmitte des Evangeliums führen. Die anscheinend am Rand von Kirche und Gesellschaft angesiedelt wurden, sind plötzlich in der Mitte, dort wo das Reich Gottes aufbricht und wo in der Schwachheit eines Menschen die Kraft Gottes zum Durchbruch kommt (2 Korinther 12, 3–10). Letzte werden so zu Ersten (Mt 20,16). Und die Ersten? Wo sind sie dann? Hören sie den Ruf, der sie zu den Schritten ermutigt, die zur wahren Mitte führen? Dieses Büchlein von Schwester Johanna Domek ist ein Führer dorthin.

Die zwölf Schritte dieses Büchleins sind eine Glaubenshilfe für jeden Christen und jede Christin – sofern er/sie nur fähig ist, Schwäche und Ohnmacht im eigenen Leben ganz konkret zu erkennen und zu erleben, um darin die Quelle neuer Kraft zu entdecken. Das Büchlein spricht von einer Spiritualität, die ganz tief unten aufbricht und dann mächtig zu fließen beginnt – aus Gott und auf Gott hin.

Abt Fidelis Ruppert OSB
Münsterschwarzach

Einführung

Etwa zehn Jahre sind es nun her, seit ich dem 12-Schritte-Programm der Anonymen Alkoholiker (AA) zum ersten Mal begegnete. Es sind Schritte der Umkehr aus einem verfahrenen Leben in ein neues Leben. In einem existentiellen Sinn haben diese Schritte mich gleich berührt, »ent-deckt« im wörtlichen Sinn haben sie sich mir erst allmählich. Und je mehr das geschah, umso hilfreicher wurden sie. Formuliert wurden diese Schritte Ende der 30er Jahre, als einige alkoholabhängige Männer in den USA angesichts der bedrohlichen persönlichen Lebensalternativen von Leben auf der einen und Tod oder Wahnsinn auf der anderen Seite sich zu einer damals ganz neuartigen Selbsthilfegruppe zusammenfanden.

In der heutigen Gesellschaft hat die Sucht vielfältig um sich gegriffen, viel Leib und Leben wird durch sie zerstört oder schwer geschädigt. Mögen viele im ersten Moment dabei an die sogenannten harten Drogen denken, so ist doch die Zahl der anderen lebensgefährlichen Süchte, wie beispielsweise Alkoholismus, Medikamentenabhängigkeit oder Bulimie um ein Vielfaches höher. Und alle Schichten der Gesellschaft sind davon betroffen. Am Beispiel Alkohol will ich das kurz aufzeigen.

Etwa vier Millionen der 80 Millionen Menschen in der Bundesrepublik Deutschland sind statistisch als Alkoholiker erfaßt, das sind 5%. Die Dunkelziffer ist jedoch erheblich höher. Und jeder dieser, sagen wir, vier Millionen Menschen hat Familienangehörige, Eltern, Ehepartner, Kinder, hat Freunde, hat Kollegen. Da Sucht erwiesenermaßen fast immer auch die Familie betrifft, belastet und krankmacht und deren Schwachstellen erbarmungslos an die Oberfläche zieht, und da viele dieser Angehörigen eines Suchtkranken kaum wissen, wie sie mit dem, was ihnen da geschieht und woran sie verborgen oder offen sehr leiden, richtig umgehen und einigermaßen zurechtkommen können, ist die Zahl der vom Alkoholismus betroffenen Menschen sehr viel größer als die genannten vier Millionen. Sucht ist eine Krankheit. Sie schädigt den einzelnen wie auch sein Umfeld. Auch die Gesellschaft, die vielleicht meint distanziert bleiben zu können, ist betroffen. Beispielsweise führt die polizeiliche Kriminalstatistik von 1999 auf, daß unter den aufgeklärten Straftaten 40,2% der Körperverletzungen mit tödlichem Ausgang in Deutschland unter Alkoholeinfluß geschahen. Die Verletzungen in den Seelenlandschaften sind nicht zählbar.

Dabei findet nur ein kleiner Teil der Suchtkranken in die verschiedenen Selbsthilfegruppen wie AA, Blaues Kreuz, Kreuzbund, Guttempler und viele mehr. Doch die Zahl der Gruppen hat in den vergangenen Jahrzehnten stark zugenommen.[1]

Wer in Sachen Sucht Hilfe benötigt, kann heute über die Suchtberatungsstellen, die es in fast allen Städten gibt, oder die Telefonseelsorge oder auch die öffentlichen Telefonbücher entsprechende Adressen erhalten. Es ist ratsam solche Hilfe zu suchen, denn es ist längst ein Erfahrungswert, daß es ohne die Hilfe anderer Menschen, die etwas davon verstehen oder aus eigener Erfahrung kennen, kaum gelingt, von einer Sucht frei zu werden.

Der Prozentsatz der Menschen, denen es in Selbsthilfegruppen gelingt, ein ›trockenes‹ und zufriedenes Leben zu führen, ist verglichen mit anderen Hilfsangeboten, der Medizin zum Beispiel, sehr hoch. Rückfälle sind jedoch immer möglich, denn Sucht kann nur zum Stillstand gebracht, nie ganz geheilt werden. Und das kann nur gelingen, wenn, außer daß der jeweilige Suchtstoff vermieden wird, eine Wandlung und Umkehr in der Art der Lebensbewältigung und des Lebenskonzeptes geschieht und aktiv und sorgsam und kontinuierlich gepflegt wird.

Die existentielle Bewegung der Umkehr – griechisch: »metanoia« – gehört zu den Grundbewegungen des Christentums. Beginnt doch die Jesuspredigt im Markusevangelium gerade damit: »Die Zeit ist erfüllt, das Reich Gottes ist nahe. Kehrt um, und glaubt an das Evangelium!« (Markus 1,14f) Auch wenn vielen das heute nicht mehr so präsent ist: Umkehr ist eine Grundbewegung und eine Alltagsbewegung für Christen. Und an manchen Tagen, in manchen Lebenssituationen ist sie das Allerwichtigste, wenn man denn leben will. Umkehr ist nötig. Umkehr tut gut. Umkehr ins wirkliche, lebendige Leben und den Glauben an das Evangelium, das Jesus Christus unserem Leben geschenkt hat. Umkehr ist schlicht und kostbar und herausfordernd. Gott will uns auf diesem Weg in unsere eigene Tiefe und über uns hinaus in seine Weite und die Gemeinschaft mit anderen führen.

Das 12-Schritte-Programm der Anonymen Alkoholiker hat bald nach seiner Entstehung auch außerhalb der Selbsthilfegruppen der AA zunehmend Beachtung gefunden. Viele Selbsthilfegruppen, die sich um andere Themen und aufgrund anderer Leidensgeschichten bildeten, orientieren sich heute an diesen 12 Schritten. Sie helfen, wie es mir scheint, überhaupt in allerlei Art Befangenheit, Abhängigkeit und Gestörtheit des Lebens, auch wo es nicht gleich auffällig oder akut lebensbedrohlich zugeht. In ihrer Schlichtheit können sie eine echte Inspiration und eine geistlich-menschliche Anleitung für jeden sein. Mir scheint, das sind genug gute Gründe, sie hier vorzustellen. Denn weit über den Krankheitsfall von Sucht und Abhängigkeit hinaus, und allem was damit menschlich, geistlich und sozial verbunden ist, weisen sie den Menschen einen Weg durch die mehr oder weniger deutlich erschütternden Erfahrungen von Ohnmacht bis hin zum Scheitern, die ja irgendwie jedem Lebensweg eingezeichnet werden, in ein gesegnetes Land und Leben.

In der Kölner Basilika St. Maria im Kapitol gab ich während der Exerzitien im Alltag im Frühjahr 2000 den TeilnehmerInnen einige Impulse zu den 12 Schritten. Diese werden hier nun in erweiterter und überarbeiteter Form vorgelegt. Die den einzelnen Kapiteln angefügten Fragen verstehen sich als Angebot zum persönlichen Weiterdenken, um das zuvor Gesagte mit dem eigenen Erleben zu verbinden und im Kontext des eigenen Lebens zu lesen. In den Exerzitien im Alltag waren sie sehr hilfreich. Sie sind jedoch nur Anregungen. Es geht darum, zu den eigenen Fragen zu kommen, nur sie können uns in Bewegung bringen. Und nicht, daß wir um Wege wissen, wird uns weiterbringen, sondern daß wir uns auf sie einlassen.

I. Wegbilder in den Religionen

Die »12 Schritte« sind Bild für einen existentiellen Weg des Menschen. Dieses Bild ist ein Grundmotiv und in allen Kulturen und Religionen von großer Bedeutung. So möchte ich, bevor es näherhin um diese »12 Schritte« geht, den Blick einmal auf das Grundwort vom Weg in den Religionen richten. Schon die wenigen Beispiele, die ich da nennen werde, zeigen den weiten Horizont dieses Wortes auf und auch, welch tiefe Bedeutung es für das menschliche Leben hat, ob wir unseren Weg finden oder ob wir den Weg verfehlen.

Alle Tage machen wir uns auf Wege. Leben kann nicht ohne Wege sein, sowohl in seinen äußeren wie inneren Landschaften. Weglosigkeiten oder Ausweglosigkeit bedrohen unser Leben wie Boten des Todes. Und alles unbewegt Erstarrte in und um uns trägt die Spur, das Echo von Toden und Totem. In der Sprache gebrauchen wir das Wort »Weg« im Sinne von »Pfad«, das meint unbefestigte, einfache Pfade, oder im Sinn von »Richtung« oder im Sinn von »Strecke«, und das in zahllosen Variationen. Auch stehen »Weg« und »Bewegung« in engster Verwandtschaft, sprachlich wie auch wesensmäßig. Unsere Reaktion auf den Weg ist die Bewegung. Weg ist Bewegung, die eine Richtung hat.

Alles Leben ist durchzogen von Wegen, die gehen bis zum Äußersten, die rühren ans Innerste. Da gibt es Hauptstraßen und Nebenstrecken, Gassen, Ringe und Seitenwege, Umwege und Schnellstraßen, Bergsteige, Tunnel, Seewege, Sumpfpfade, Handelsstraßen und alte Heeresstraßen, enge und breite, mehrspurige und einspurige und viele Wege mehr, auch zahllose Irr- und Abwege gibt es, Holzwege und Sackgassen, jeder von uns kennt mehr als genug.

Wegbilder in der indischen und chinesischen Tradition

Die heilige Literatur Indiens reicht bis weit ins zweite Jahrtausend zurück. Mikrokosmos und Makrokosmos werden als Entsprechungen erkannt, das gilt für die Ketten der Verstrickungen wie für die Möglichkeiten der Loslösung. Das Werden ist ein Weg und das Ent-werden ist einer. Auch das Stillsitzen ist ein Weg in diesem Sinn. Nach der Bhagavadgita, die etwa im vierten Jahrhundert vor Christus entstand, gibt es zwei Wege, um aus dem Strudel der Seelenwanderung freizukommen (auch das wieder ein Wegbild): den der Loslösung von der Welt oder den Weg des sittlichen, wunschlosen Handelns.

Seit dem sechsten Jahrhundert vor Christus ist das Tao-Tê-King, das »Buch vom Weg und von der Tugend«, dem chinesischen Weisen Lao-Tse zugeschrieben, bekannt. Dort finden sich Verse wie zum Beispiel dieser: »Der Mensch nimmt zum Gesetz die Erde;/die Erde zum Gesetz den Himmel;/Der Himmel zum Gesetz den Weg;/Der Weg nimmt zum Gesetz das eigene Weben.«[2] Oder dieser: »Betreibe das Lernen:/So mehrst du dich täglich./Betreibe den Weg:/So minderst du dich täglich./Mindern und abermals mindern/Führt dich zum Ohne-Tun./Bleib ohne Tun –/Nichts, das dann ungetan bliebe./Nimmst du das Reich, sei ständig ohne Geschäft!/Denn wer beschäftigt ist,/Ist unzulänglich, das Reich zu nehmen.«[3]

Hier möchte ich eine Nebenbemerkung einfügen. Es ist erfahrungsgemäß nun sicher so, daß nicht allein der gute Weg ein Geschenk ist, sondern in gewissem Sinn auch die Hindernisse, die uns auf ihm begegnen. Denn sie setzen Dinge und Kräfte frei, die sonst leicht verschlossen blieben, wie ungehobene Schätze. Bert Brecht schrieb ein Gedicht: »Legende von der Entstehung des Buches Taoteking auf dem Weg des Laotse in die Emigration«[4]. Da lobt er nicht nur den Weisen, der den »Weg« geht, sondern auch den Zöllner, der ihm beim Grenzübergang den Weg versperrt und ihn nicht weitergehen läßt, bis seine Weisheit spruchreif, also Wort und mitteilbar, in Brechts Sinn »nützlich« geworden ist. Die letzte Strophe lautet: »Aber rühmen wir nicht nur den Weisen,/Dessen Name auf dem Buche prangt!/Denn man muß dem Weisen seine Weisheit erst entreißen./Darum sei der Zöllner auch bedankt: / Er hat sie ihm abverlangt.«[5]

Im fünften Jahrhundert vor Christus lehrte Buddha den Weg zum Nirwana. Im Tierpark von Benares predigt er einigen neuen Schülern und unterscheidet drei Wege. Den ersten geht man,

wenn man ohne sonstiges Ziel die Begierden aus-
lebt, den zweiten, wenn man sich sinnloser Selbst-
quälerei hingibt. Zwischen diesen beiden gibt es
den mittleren Weg, der nach Buddhas Lehre Schau
und Erkenntnis bewirkt und zur Ruhe, zum Wissen, zur Erleuchtung und zum Verlöschen führt.
»Es ist dies der edle achtfache Pfad, der da heißt:
Rechte Anschauung, rechte Gesinnung, rechtes
Wort, rechte Tat, rechtes Leben, rechtes Streben,
rechtes Überdenken und rechtes Sichversenken.«[6]
Zum »Rechten« findet man nicht so sehr über einen Standpunkt, den man einnimmt und vertritt,
sondern dadurch, daß man einen Prozeß zu- und
sich darauf einläßt.

Der Weg nach Mekka – Islam

Dieser Prozeß findet in vielen Religionen einen besonderen Ausdruck im Phänomen der Wallfahrt.
So gehört beispielsweise zu den Grundsäulen der
religiösen Lebenspraxis für den Muslim die Ver-
pflichtung, einmal im Leben nach Mekka zu pil-
gern, dem Ursprungsort der Offenbarung an den
Propheten Mohammed. Der mitunter beschwer-
liche Weg, für den viele Bräuche und Stationen
genau bestimmt sind, wird ihm selbst zum Segen
werden. Auf dem Weg, und indem er sich auf die
festgelegten Riten dieses Prozesses einläßt, kommt
der Mensch Gott nahe und findet zur Überein-
stimmung mit Allahs Willen.

Das ist nicht immer leicht und schnell getan, es
gilt die Anfechtungen und Gefährdungen unter-

wegs und die des Lebens überhaupt bewußt wahrzunehmen. Gebet und Fasten, das heißt Besinnung und bewußt angenommener Verzicht, sind lebenswichtig. Auch sie sind Grundsäulen des Islam. In der Sure 22 des Korans, des heiligen Buches des Islam, die mit dem Titel »Die Wallfahrt« überschrieben ist, weil dort auch einiges zu den Bräuchen bei der Wallfahrt gesagt wird, heißt es gegen Ende: »Kämpft für Allahs Weg, wie es sich geziemt.«[7]

Und selbst wenn der Muslim nicht wallfahrtet, nach Mekka oder einen anderen der Wallfahrtsorte, muß er doch insofern ein Pilger bleiben, daß er bei allem Beten diese Richtung behält und sich, in ganz leibhaftiger Übung, nach Mekka hin ausrichtet.

Die jüdische Tradition

In der jüdischen Tradition ist das Bild vom Weg in hohem Maße prägend. Die Vertreibung aus dem Paradies ist ein Wegbild (Genesis 3,23–24), die auf der Sintflut schwimmende Arche ein Weg und eine Weglosigkeit gleichermaßen (Gen 7,17–8,14).

Abrahams Berufung, beginnend mit dem Aufbruch aus Ur in Chaldäa, ist eine Geschichte voller Wegbilder. »Der Herr sprach zu Abram: Zieh weg aus deinem Land, von deiner Verwandtschaft und aus deinem Vaterhaus, in das Land, das ich dir zeigen werde« (Gen 12,1). »Da zog Abram weg, wie der Herr ihm gesagt hatte, und mit ihm ging auch Lot.« (Gen 12,4) »Sie wanderten nach

Kanaan aus und kamen dort an. Abram zog durch das Land ... Von da brach er auf zum Bergland östlich von Bet-El ... Dann zog Abram immer weiter dem Negeb zu.« (Gen 12,5b–9) Abrahams ganze Geschichte ist Bewegung und Weg.

Kein Mensch kann er selbst werden ohne Weg, alle müssen wir gehen, und oft sind diese Wege keine geradlinigen, oft sind sie deutlich überschattet von Not und auch von Schuld. Wenig im Leben findet sich »geradewegs«. Man denke, um nur eines von vielen möglichen Beispielen zu nennen, daran, wie der alttestamentliche Joseph, von den Geschwistern beneideter Lieblingssohn seines Vaters Jakob, von seinen Brüdern verkauft nach Ägypten kam, und wie diese Brüder lange Jahre danach aufgrund einer zu Hause herrschenden Hungersnot, ebenfalls den Weg nach Ägypten gehen, um dort Getreide zu kaufen, und wie die Brüder sich dabei wiederfinden (vgl. Gen 37,1–45,15).

Später nennt die Bibel als zentrales Bild israelitischer Gotteserfahrung den Auszug aus Ägypten, den Durchzug durchs Schilfmeer, die Wüstenwanderung und den Einzug ins Gelobte Land. Das beginnt mit der Gottesoffenbarung im Dornbusch, der brennt, ohne zu verbrennen, an den in der Wüste Schafe hütenden Mose und der Berufung des Mose: »Ich habe das Elend meines Volkes in Ägypten gesehen, und ihre laute Klage über ihre Antreiber habe ich gehört. Ich kenne ihr Leid. Ich bin herabgestiegen, um sie der Hand der Ägypter zu entreißen und sie aus jenem Land hinaufzuführen in ein schönes, weites Land, in ein Land, in dem Milch und Honig fließen. ... Und jetzt geh! Ich sende dich zum Pharao. Führe mein Volk, die Israeliten, aus Ägypten heraus!« (Exodus 3,7–8,10) Das sind identitätstiftende Wegbilder des alten Gottesvolkes Israel wie auch des neuen Gottesvolkes, der Kirche. Gott führt dabei und geht immer mit, wie es heißt, als Wolke bei Tag und als Feuersäule in der Nacht. Gott beruft den Menschen immer auf einen Weg. Es ist ein Weg, den Gott seinerseits verspricht mitzugehen. So gibt es der sterbende Mose an sein Volk und seinen Nachfolger Josua weiter: »Der Herr selbst zieht vor dir her. Er ist mit dir. Er läßt dich nicht fallen und verläßt dich nicht. Du sollst dich nicht fürchten und keine Angst haben.« (Deuteronomium 31,8)

Die christliche Tradition

Von Jesus singt ein Hymnus im Philipperbrief des Apostels Paulus, er sei abgestiegen (vom Himmel), er hielt nicht daran fest, Gott gleich zu sein. Er entäußerte sich und nahm die arme Gestalt eines Menschen an (Philipper 2). Das ist der Weg der Liebe Gottes, der Weg Christi, in dessen Nachfolge wir eingeladen sind. Durch seine Zeit und Landschaft ging Jesus als Wanderprediger seinen Weg für uns. Die Synoptiker beschreiben das öffentliche Wirken Jesu als Weg nach Jerusalem, der heiligen Stadt, dem zentralen Ort Israels. Jesus ging den Weg des Liebens, um ihn uns zu zeigen und zu eröffnen, durch alles hindurch und über alles hinaus. Er sagte seinen Jüngern, daß er zum Vater gehe, daß er einen Platz für sie vorbereiten werde, um auch sie in die Gemeinschaft mit dem Vater zu holen. Er sagt, er selbst sei der Weg, die Wahrheit, das Leben, und niemand komme zum Vater außer durch ihn (Johannes 14).

Wir haben die Wahl, welchen Weg und welche Richtung wir einschlagen. In gewisser Hinsicht sind wir da sehr frei, egal wie unfrei wir im Übrigen sein mögen. Es geht dabei nicht um Kleinigkeiten, ein großer Ernst (ich meine nichts Verkrampftes) liegt auf den Lebensbildern vom Weg. Jesus sagt: »Geht euren Weg, solange ihr das Licht habt, damit euch nicht die Finsternis überrascht. Wer in der Finsternis geht, weiß nicht, wohin er gerät« (Joh 12,35).

Im Licht der Botschaft Jesu sind im Laufe der christlichen Geschichte viele geistliche Wegweisungen gegeben worden, die helfen und raten wollen, wie Menschen sich auf den Weg einlassen und ihn gehen können. Benedikt von Nursia († 547) sagt, wir wollen gehen »unter der Führung des Evangeliums«[8]. Alle christliche Wegweisung muß sich vom Evangelium führen und speisen lassen und sich immer neu und aktuell an ihm orientieren. Für mich ist die Regel Benedikts eine lebendige Quelle solcher Orientierung geworden.

Bemerkenswert ist aber wie verschieden Wege in der christlichen Tradition gezeichnet sind. Viele Bilder sind Aufstiegsbilder. Sie entsprechen damit einem tiefen Verlangen des Menschen zu allen Zeiten und nicht nur im religiösen Bereich.

Ich nenne nur zwei Bücher: »Der Aufstieg zum Berge Karmel« des spanischen Karmeliten Johannes vom Kreuz im 16. Jahrhundert und »Der Berg der sieben Stufen« des amerikanischen Trappisten Thomas Merton im 20. Jahrhundert. Bei allem Wahren enthalten diese Titelbilder meines Erachtens etwas Gefährliches, weil Verführerisches. Wer zu sehr sein Bedürfnis emporzukommen, groß zu werden, eine hohe Stufe von ›egal-was‹ zu erreichen im Blick hat, oft sogar wie darauf fixiert ist, verliert sehr schnell aus eben diesem Blick, daß das menschlich nur gedeihen kann, wenn man sich tief und auf die Tiefen und Schatten des eigenen Lebens ehrlich einzulassen bereit ist – und das immer wieder. Ehrlicherweise muß man sehen, daß in einer Zeit, in der Karriere, Leistung und Selbständigkeit soviel bedeuten, wie in unserer, diese Gefahr sich ganz schnell ergibt.

Der alttestamentliche Patriarch Jakob schaut im Traum eine Leiter, die Himmel und Erde verbindet, und auf der Engel auf- und niedersteigen (Gen 28,12). Diese Leiter ist ein Weg, der in beide Richtungen begangen wird, und gerade darin geschieht die Heilserfahrung.[9]

Im zentralen Kapitel seiner Ordensregel »Von der Demut« greift Benedikt dieses Bild auf, wenn er von den 12 Stufen der Demut schreibt, die er als Stufen einer Leiter zeichnet, deren Holme Leib und Seele sind (dazwischen, in dieser Spannung tun sich die Schritte). Er schreibt, daß man durch Erhöhung diese Leiter herab- und durch Erniedrigung hinaufsteigt (Regel 7,5–9). Da ist das Bild des Weges als Aufstieg aufgebrochen und die Wahrheit des Absteigens auf den Boden der Tatsachen des Lebens, des Herunterkommens von aller Unechtheit, die Annahme meiner Wirklichkeit als entscheidende Bewegung in den Blick genommen.

Umkehr – Metanoia

Nun möchte ich im Kontext des bisher Gesagten ein ganz bestimmtes Wegbild in den Mittelpunkt stellen: den Weg und die Wahrheit der ›Umkehr‹, der ›Metanoia‹. Dieses Wegbild steht beim Evangelisten Markus ganz am Anfang der Predigt Jesu: »Kehrt um, und glaubt an das Evangelium!« (Mk 1,15) Und im Lukasevangelium gehört zu den letzten Worten des auferstandenen Jesus an seine Jünger der Auftrag aller Welt, angefangen mit Jerusalem, zu verkünden, daß sie umkehren sollen, damit ihre Sünden vergeben werden (Lukas 24,47). Umkehr ist die Grundbewegung der Christen.

Das Evangelium enthält viele Umkehrgeschichten und -wege. Eine soll als großes Bild über allen hier folgenden Ausführungen stehen. Es ist das Gleichnis vom verlorenen Sohn aus dem Lukasevangelium (Lk 15,11–32). Jesus erzählt da, wie ein Vater zwei Söhne hat und einer von beiden die Auszahlung des ihm zustehenden Erbteils fordert. Der Vater übergibt es ihm. Nach kurzer Zeit verkauft der Sohn sein Erbteil und zieht in die Welt, in ein fernes Land. Dort bringt er all sein Hab und Gut durch, lebt in Saus und Braus und läßt sich mit Dirnen ein. Bald hat er alles verspielt und verloren. Als nun eine große Hungersnot über dieses Land und ihn in diesem Land kommt, hat er keine Mittel mehr übrig, um selbst noch durchzukommen. Und die Kumpanen aus der Zeit, in der er aus dem vollen zu schöpfen können meinte, sind alle verschwunden. Keiner von ihnen hilft weiter. Er kommt soweit herunter, daß er sich als Schweinehirt verdingt. Für die jüdischen Zuhörer Jesu, denen die Schweine als religiös unreine Tiere galten, war klar: das war ganz unten. Da hält er inne und geht in sich. Er stellt sich seiner Situation und Lebenswahrheit und entscheidet sich, umzukehren zu seinem Vater, wo es den Tagelöhnern noch besser geht als ihm jetzt. Er entscheidet sich, seine Situation offenzulegen, sein Versagen zu bekennen und den Vater zu bitten, daß der ihn doch als einen seiner Tagelöhner ins Haus aufnehme. Der Vater, der ihn seinerzeit ziehen ließ, sieht den heimkehrenden Sohn schon von Weitem kommen. Er läuft ihm entgegen, fällt ihm um den Hals, hört sich an, was der zu sagen hat, ohne das zu diskutieren, und nimmt ihn wieder als Sohn in sein Haus auf. Er läßt sofort ein großes Fest vorbereiten, damit sie feiern können. Denn der Sohn, der wie tot war, hat wieder zu leben begonnen.

Im Jahr 1999 ging es in einem vielgelesenen Fastenhirtenbrief von Kardinal Joachim Meisner um den Weg der Versöhnung anhand dieses Gleichnisses. Es zeigt sich da, wie sehr dieses alte, zeitlos schöne Gleichnis den Menschen heute anspricht und ihm Perspektiven öffnet, nach denen er in der oft verborgenen Tiefe seiner Seele sehr hungert. Das Gleichnis kann mich begleiten und bewegen. Es kann so gut und tief helfen, sich in die Bilder und Schritte der Umkehr einzufinden und einzuüben. Diese Übung wird mir ja kein anderer abnehmen, kein anderer kann für mich umkehren. Es mag hilfreich sein, die Bewegungen dieses Gleichnisses in eigener Weise innerlich nachzuvollziehen, um sich davon mitnehmen zu lassen und in die Grundbewegung des Umkehrweges einzuschwingen, um den Geschmack der Umkehr zu schmecken. Umkehr ist etwas Wunderbares, sie ist immer neu die Annahme der geschenkten Erlösung.

Bisher haben wir das Motiv vom Weg im großen Raum der Religionen angesehen. Im Folgenden wird alles schritt-weiser. Denn für alle Wege und Bilder vom Weg gilt die chinesische Weisheit: Auch der weiteste Weg beginnt mit einem Schritt.

Zum persönlichen Weiterdenken

Um diesen Schritt setzen zu können, ist es nun sinnvoll nach dem Blick auf die Wegbilder in den Religionen, die Wegbilder des eigenen Lebens anzuschauen und neu wahrzunehmen. Denn es geht darum, sich ganz persönlich, das heißt mit allem, was zu meiner eigenen Person gehört, auf den Weg und Heilungsprozeß einzulassen. Denn noch viel wichtiger als der kulturell-religiöse Hintergrund ist mein persönlicher Lebenskontext. In ihm zuerst werde ich meine Schritte zu wagen und zu gehen haben.

Welche Wegbilder sind mir selbst vertraut?
- *aus meiner Kindheit*
- *aus meiner Jugend*
- *aus meinem Berufsalltag ...*

Welche von ihnen prägen mich und mein Verhalten äußerlich?
- *Welche prägen mich innerlich?*
- *Welche prägen mich offensichtlich?*
- *Welche prägen mich unterschwellig?*
- *Welche sind blaß geworden und warum?*
- *Welche herrschen heute vor und warum?*

Wie gehe ich normalerweise und meistens meinen Weg?
- *langsam oder hastig?*
- *schrittweise oder sprunghaft?*
- *sicher oder zaudernd und stolpernd?*
- *zielstrebig oder planlos oder wie?*

Hat das Leben, das ich derzeit führe, eine Richtung? Bin ich mit dieser Richtung einverstanden?

II. Das 12-Schritte-Programm

Auf dem biblischen Hintergrund des Gleichnisses vom verlorenen Sohn (Lk 15,11–32) möchte ich nun eine Folge von Schritten vorstellen, die den Weg der Umkehr zu gehen helfen: das 12-Schritte-Programm der Anonymen Alkoholiker, nach dem inzwischen ungezählte Menschen in Selbsthilfegruppen aller Art ihren Weg gehen, mit dessen Hilfe sie oft aus ihrer leidvoll erlebten Ausweglosigkeit einen Weg in ein neugeschenktes Leben gefunden haben. Nach meiner Überzeugung wird an unseren Grenzen und in Zeiten der Krankheit aber lediglich deutlicher, was ohnehin ist, wie die Dinge bei uns laufen, wie wir reagieren, wohin wir uns wenden, wenn wir in Not sind, wohin wir unsere Zuflucht nehmen, oder auch in was wir flüchten und warum wir flüchten. Darum gilt das in diesen Schritten Gesagte allgemein und kann uns allen helfen, unser Leben zu erkennen und den Weg der immer neuen Umkehr und Korrektur konkret zu gehen und in täglicher Aufmerksamkeit einzuüben.

Zuerst möchte ich etwas zu ihrer Herkunft sagen, dann die Schritte nennen und schließlich auf den meines Erachtens entscheidenden Punkt hinweisen, die in irgendeiner Weise jedem Leben eingebrannte Erfahrung von Ohnmacht und Scheitern, mit der gut und recht zu leben oft so schwer zu sein scheint.

Die Herkunft der 12 Schritte

Die Präambel der AA lautet folgendermaßen: »Anonyme Alkoholiker sind eine Gemeinschaft von Männern und Frauen, die miteinander ihre Erfahrung, Kraft und Hoffnung teilen, um ihr gemeinsames Problem zu lösen und anderen zur Genesung vom Alkoholismus zu verhelfen.

Die einzige Voraussetzung für die Zugehörigkeit ist der Wunsch, mit dem Trinken aufzuhören.

Die Gemeinschaft kennt keine Mitgliedsbeiträge oder Gebühren, sie erhält sich durch eigene Spenden.

Die Gemeinschaft der AA ist mit keiner Sekte, Konfession, Partei, Organisation oder Institution verbunden; sie will sich weder an öffentlichen Debatten beteiligen, noch zu irgendwelchen Streitfragen Stellung nehmen.

Unser Hauptzweck ist es, nüchtern zu bleiben und anderen Alkoholikern zur Nüchternheit zu verhelfen.«

Gegründet wurden die AA von den beiden Amerikanern Dr. Bob Holbrook Smith (1879–1950) und Bill Wilson (1895–1971). Dr. Bob, wie er genannt wurde, war Arzt in Akron/Ohio. Im Jahr 1935 quälte er sich bereits seit Jahrzehnten mit seinem Alkoholproblem, ohne bis dahin einen Ausweg zu finden. Bill arbeitete damals als

Inspekteur im Finanzbereich. Seine exzessive Trunksucht hatte ihn in jeder Hinsicht an den Rand des Ruins gebracht. Während eines Krankenhausaufenthaltes machte er in tiefster Verzweiflung eine überwältigende spirituelle Erfahrung, die in ihm den Glauben weckte, er selbst könne von seiner Trunksucht befreit und nüchtern werden, wenn er anderen Alkoholikern half. Bei einer Geschäftsreise nach Akron, suchte er, als er in Versuchung war, wieder zu trinken, einen anderen Alkoholiker, um durch das Sprechen mit ihm selbst nicht trinken zu müssen. Das war der Grund, weshalb sich diese beiden alkoholkranken Männer im Jahr 1935 im verzweifelten Bemühen um Nüchternheit auf so seltsam geführten Wegen schließlich begegneten. Sie fanden im Austausch und Teilen ihrer Erfahrungen zu anhaltender Nüchternheit. Als vom Gleichen Betroffene fanden sie den – in dieser Weise bis dahin ganz neuen – Weg der Selbsthilfe und des Dienstes aneinander, in einer Gottverbundenheit und einem Gottvertrauen, das konkret am wirklichen und unausweichlichen Tiefpunkt ihres Lebens ansetzte.

Spiritueller Nährboden war für beide die sogenannte Oxford-Gruppe, eine 1921 entstandene evangelische Erneuerungsbewegung[10], deren Ziel es war, das Urchristentum in der modernen Welt neu zu verlebendigen. Gründer und unbestrittener Führer dieser Gruppe war ein lutherischer Geistlicher aus Pennsylvanien, Frank Buchman. Es heißt, mit den späteren AA-Mitgliedern sei er nie ganz klar gekommen.

»Die Mitglieder der Oxford-Gruppe suchten spirituelle Erneuerung dadurch zu erlangen, daß sie sich durch gründliche Selbstprüfung Gott auslieferten und indem sie einem anderen Menschen gegenüber ihre Charaktermängel eingestanden. Sie machten den Schaden, den sie anderen zugefügt hatten, wieder gut und gaben, ohne etwas dafür zu erwarten – oder, wie sie es formulierten: Keine Bezahlung für Seelenbehandlung. Sie nahmen jedoch Spenden entgegen.

Besonderer Wert wurde auf das Erbitten von Gottes Führung in allen Angelegenheiten gelegt. Die Bewegung stützte sich ferner auf das Studium der Heiligen Schrift und schuf auch etwas eigene Literatur.

Der Kern des Programmes waren die Vier Vollkommenheiten: »vollkommene Ehrlichkeit, vollkommene Selbstlosigkeit, vollkommene Reinheit und vollkommene Liebe.«[11]

In einer von den AA herausgegebenen Broschüre findet sich die letzte Rede von Dr. Bob aus dem Jahr 1948. Darin heißt es über diese Anfangszeit: »Zu diesem Zeitpunkt waren unsere Geschichten nicht erzählenswert ... wir hatten auch noch keine 12 Schritte. Aber wir waren davon überzeugt, daß die Antwort auf unsere Probleme in der Bibel lag. Einige von uns Älteren empfanden die Bergpredigt, das 13. Kapitel des 1. Korintherbriefs und den Brief des Jakobus als besonders wesentliche Teile. Wir hielten damals täglich Meetings im Hause eines Freundes. All das geschah zu einer Zeit, als jeder arm war, furchtbar arm. Wahrscheinlich war es viel leichter für uns, im Zustand der Armut erfolgreich zu sein ...

Erst im Jahr 1938 kristallierten sich die sich ständig entwickelnden Lehren und Bestrebungen und sorgfältigen Beobachtungen in Form der 12 Schritte heraus ...«[12] Bill Wilson war dabei federführend.

Zwischen 1937 und 1939 löste sich die Bewegung der Anonymen Alkoholiker immer mehr von der Oxford-Gruppe und fand durch viel Mühsal zu ihrem ganz eigenen Profil.

Soviel zur Herkunft dieser 12 Schritte. Durch amerikanische Soldaten ist das AA-Programm nach dem Zweiten Weltkrieg nach Deutschland gekommen. Die Schritte sind in erschütternder Lebenswirklichkeit erprobt und haben sich segensreich bewährt.

Die 12 Schritte der AA

Erster Schritt:
Wir gaben zu, daß wir dem Alkohol gegenüber machtlos sind –
und unser Leben nicht mehr meistern konnten.

Zweiter Schritt:
Wir kamen zu dem Glauben, daß eine Macht, größer als wir selbst, uns unsere geistige Gesundheit wiedergeben kann.

Dritter Schritt:
Wir faßten den Entschluß, unseren Willen und unser Leben der Sorge Gottes – wie wir Ihn verstanden – anzuvertrauen.

Vierter Schritt:
Wir machten eine gründliche und furchtlose Inventur in unserem Innern.

Fünfter Schritt:
Wir gaben Gott, uns selbst und einem anderen Menschen gegenüber unverhüllt unsere Fehler zu.

Sechster Schritt:
Wir waren völlig bereit, all diese Charakterfehler von Gott beseitigen zu lassen.

Siebter Schritt:
Demütig baten wir ihn, unsere Mängel von uns zu nehmen.

Achter Schritt:
Wir machten eine Liste aller Personen, denen wir Schaden zugefügt hatten, und wurden willig, ihn bei allen wiedergutzumachen.

Neunter Schritt:
Wir machten bei diesen Menschen alles wieder gut – wo immer es möglich war, es sei denn, wir hätten dadurch sie oder andere verletzt.

Zehnter Schritt:
Wir setzten die Inventur bei uns fort, und wenn
wir Unrecht hatten, gaben wir es sofort zu.

Elfter Schritt:
Wir suchten durch Gebet und Besinnung die be-
wußte Verbindung zu Gott – wie wir Ihn verstan-
den – zu vertiefen. Wir baten ihn nur, uns seinen
Willen erkennbar werden zu lassen und uns die
Kraft zu geben, ihn auszuführen.

Zwölfter Schritt:
Nachdem wir durch diese Schritte ein seelisches
Erwachen erlebt hatten, versuchten wir, diese Bot-
schaft an andere Alkoholiker weiterzugeben und
unser tägliches Leben nach diesen Grundsätzen
auszurichten.

Die Erfahrung von Ohnmacht und Scheitern

Dr. Bob und Bill und viele, denen es wie ihnen
erging, haben die immer schmerzliche Erfahrung
von gänzlicher Ohnmacht und Scheitern an einem
Tiefpunkt ihres Lebens gemacht, der auch äußerlich die ganze Existenz betraf. Auch dem verlorenen Sohn im Gleichnis Jesu ging es so. Alles, was
sie zur Verfügung hatten, war durchgebracht, sie
waren am Ende. Oft müssen wir Menschen erst
in irgendeiner Weise ans Ende kommen, ehe wir
uns unsere Ohnmacht ohne Ausflüchte eingestehen, zugeben. Irgendwie kennen wir das alle. Aber
natürlich gibt es die Wirklichkeit nicht nur in

Extremformen. Immer gilt: Unser Ende ist, wie es in Psalm 139 heißt, nicht Gottes Ende. (»Käme ich zum Ende, bin ich noch immer bei dir.«) Ja, oft ist das, was wir für am Ende sein halten und deuten, nur das Ende einer Sackgasse, einer bestimmten Art zu denken und zu fühlen, zu leben. Ich meine, es ist wichtig und gut, in mancher Hinsicht immer wieder Ohnmacht bis zum Scheitern hin zu erleben, damit wir uns – und meist hat das ein bißchen was Notgedrungenes – auf einen anderen Weg einlassen. Jesus sagt: »Kehrt um, und glaubt an das Evangelium!« (Mk 1,15), glaubt mit dem Leben, dem wirklichen Leben, gebt die Holzwege auf, sowie und sobald ihr sie erkennt, sie taugen wirklich nicht viel, sind die Zeit nicht wert, die ihr mit ihnen verbringt, sie tragen nicht weit genug, auch wenn es mitunter lange dauert, bis das einer einsieht. Wir geben nicht so leicht auf, auch nicht ein einziges unserer falschen Lebensmuster. Wir kämpfen immer eher bis zum »geht nicht mehr«. Aber unsere Ohnmacht, unser Scheitern an einer Stelle unseres Lebens ohne Beschönigung wahrzunehmen, kann der Anfang einer großen Gnade sein, die Gott uns immer schenken will und die man ganz anders als kämpfend erlangt. (Vom Kämpfen und Nichtkämpfen wird später noch zu sprechen sein.) Wir müssen einiges aufgeben, an manchen Punkten sogar unser ganzes inneres System und Konzept, um neu zu werden.

Es ist auffallend, daß nur der erste und der zwölfte dieser Schritte das akute Problem nennen, in diesem Fall den Alkohol. Das ist nicht ohne tiefen Sinn. Das akute Problem ist die Tür der Not, die wir öffnen, durch die wir uns auf den Weg machen können, eine gute und segensreiche Tür, mögen uns auch Schrecken und Nichtmehrkönnen hindurchtreiben. Der zweite bis elfte Schritt kennzeichnen einen menschlich-geistlichen Weg, der sich zu gehen lohnt, einen Weg inneren Neuwerdens, das sich auf jedes wirkliche Lebensproblem auswirken wird und will.

Es ist ein bißchen wie im Märchen »Frau Holle«. Da fällt dem Mädchen beim Spinnen die Spule in den Brunnen, und die böse Stiefmutter nötigt sie brutal, ihr in den Brunnen nachzuspringen, um sie wieder heraufzuholen. Das tut das Mädchen dann in ihrer Not, wenn auch voller Angst. Freiwillig hätte sie das nicht getan und gewagt, und wie sehr ist sie darin unsere Schwester. Aber am Grund des Brunnens versinkt sie nicht etwa im Schlamm, sondern eine Wiese tut sich auf und ein Weg. Den freilich gilt es auch noch zu gehen. Ohne daß sie den wirklich geht, wirklich, das heißt nicht wie etwas Angelerntes und Nachgemachtes, kann es nicht die Goldmarie werden, als die sie zum Schluß dasteht und heimkommt. Dies zeigt sich deutlich im Märchen, wenn erzählt wird, wie die andere Schwester sich auf den gleichen Weg macht. Sie wird nicht von der eigenen Lebensnot bewegt, vielmehr will sie den Erfolg, den sie der anderen ansieht, um den sie sie beneidet, auch für sich gewinnen und einheimsen. Statt sich mit ihrem Wesen auf den Weg und den Prozeß einzulassen, durchläuft sie ihn nur mit geteiltem, unaufmerksamen Herzen. Mögen die Augen die Wegmarken sehen und nach der Erzählung der Schwester erkennen, das Herz bleibt blind und taub, hört nicht wirklich den Ruf der reifen Äpfel und des ausgebackenen Brotes. Was sie tut, ist nachgemacht, und sie gewinnt nichts dabei.

Noch ganz anders als im Frau-Holle-Märchen, in dem das zur Goldmarie gewordene Mädchen schließlich auch heimkommt, läuft im Gleichnis vom verlorenen Sohn dem heruntergekommenen, aus seiner Verlorenheit heimkommenden Sohn der Vater, der, während er ihn die eigenen Wege ziehen und gehen ließ, die ganze Zeit nicht aufgehört hat, ihn zu erwarten, aus dem Haus entgegen und nimmt ihn in die Arme.

Zum persönlichen Weiterdenken

Ich lade Sie ein, sich einen wirklichen Ohnmachtspunkt Ihres Lebens anzusehen, sich persönlich und ungeschützt darauf einzulassen, damit Sie dann von dort aus vielleicht einige dieser 12 Schritte versuchen und verstehen können.

An welchem Punkt, in welcher Situation, in welcher Beziehung und wo bei mir selbst habe ich wirkliche Ohnmacht erlebt oder erlebe sie noch? Was habe ich dann getan, was nicht getan?

Wie verhalte ich mich in kleinen oder großen Situationen der Ausweglosigkeit? Wohin wende ich mich innerlich? Oder wende ich mich gar nicht, sondern erstarre? Oder flüchte ich mich ins Oberflächliche?

*Was könnte mir helfen, meine Ohnmacht zu ak-
zeptieren und doch zu leben, wirklich zu leben?*

*Im Licht meiner Ohnmacht lese ich langsam
und mehrmals die 12 Schritte, und achte darauf,
wo sie mich ansprechen, und darauf, wo ich mich
wehre und widersprechen möchte. Ich sehe diese
meine Wahrheit an, ohne sie gleich zu werten. Ich
versuche sie gelten und wahr sein zu lassen in
meinem Leben.*

III. Den Kampf aufgeben –
die Kapitulation

Die Kapitulation (erster Schritt)

Ausgehend von der Erfahrung und der inneren
Annahme von Ohnmacht und Machtlosigkeit gilt
es nun etwas zu sagen über eine Tat und Haltung,
die die AA »Kapitulation« nennen. Sie wird im
12-Schritte-Programm als unumgänglich und un-
verzichtbar angesehen, damit einer nicht nur auf
den richtigen Weg, sondern auch *richtig* auf den
Weg kommt.

Es geht um den Punkt, an dem im Gleichnis
vom verlorenen Sohn der Mann bei den Schwei-
nen sitzt, die er – ganz heruntergekommen – zu
hüten übernommen hat, und ihnen neidisch beim
Fressen zusieht, den Punkt, an dem er in sich geht
und sich das Scheitern auf seinem Weg eingesteht.
Auf der Basis dieses Elends geschieht seine wirkliche Umkehr (die andere Möglichkeit wäre die
Resignation). Wo dieser Punkt für uns und unser
Verhalten oder einen Teil unseres Verhaltens liegt,
mag ganz verschieden sein, aber die Einsicht und
das Anerkennen, – ohne Wenn und Aber – auf
einem Holzweg zu sein, gehört zur Umkehr dazu.
Das kann zum Beispiel heißen: »So geht es nicht,

so komme ich nicht weiter, ich kann nicht mehr« oder so ähnlich.

Irgendwie, irgendwo, irgendwodurch ist das Leben aus den Fugen geraten, und ich habe meine Ohnmacht wahrgenommen. *»Wir gaben zu, daß wir ... machtlos sind und unser Leben nicht mehr meistern konnten.«* Das ist der erste Schritt, der Augenblick der Gnade, der Augenblick, in dem ich sage: »Ich geb's auf.«

Diese Kapitulation ist Voraussetzung zur Befreiung und Freiheit, der erste Schritt. Seltsamerweise denken wir oft, wer kapituliert, unterliegt, gibt sich preis. Aber einer unterliegt nur, solange er kämpft. In Wirklichkeit ist es vielmehr so, wer kapituliert, akzeptiert seine Machtlosigkeit, gibt das Kämpfen auf und all die damit verbundene Verstrickung. Ein solcher Mensch gibt sich nicht preis, sondern im Sinn der »12 Schritte« gibt er sich anheim. So geschieht es ja auch im Gleichnis vom verlorenen Sohn. »Dann brach er auf und ging zu seinem Vater. Der Vater sah ihn schon von weitem kommen, und er hatte Mitleid mit ihm. Er lief dem Sohn entgegen, fiel ihm um den Hals und küßte ihn.« (Lk 15,20) In Texten über die Anfangszeit der AA liest sich das so:

»Die Kapitulation war mehr als wichtig; sie war ein Muß. Bob E., der im Februar 1937 zu den AA kam, erinnerte sich, daß sie nach fünf oder sechs Tagen ... sobald man zu verstehen gegeben hatte, daß man es ernst meinte, einem sagten, man solle neben dem Bett auf die Knie fallen und zu Gott beten. Dabei sollte man zugeben, daß man dem

Alkohol gegenüber machtlos war und sein Leben nicht mehr meistern konnte. Außerdem mußte man erklären, daß man an eine Höhere Macht glaubte, die einem die geistige Gesundheit wiedergeben würde. Darin kann man den Ursprung der 12 Schritte erkennen. Wir nannten das die Kapitulation. Sie wurde verlangt. Man konnte erst zu einem Meeting[13] gehen, nachdem man sie vollzogen hatte ...«[14]

Dorothy erinnerte sich an die Meetings von 1937, als »die Männer (im Haus) nach oben verschwanden, und wir Frauen alle nervös und darüber beunruhigt waren, was wohl vor sich ging. Nach ungefähr einer halben Stunde kam der Neue gewöhnlich herunter, bebend, kreidebleich, ernst und entschlossen. Und all die anderen, die schon in AA waren, kamen nach ihm herunter. Sie sträubten sich, über das zu reden, was geschehen war, aber nach einer Weile erzählten sie uns doch, daß sie eine echte Kapitulation erlebt hatten.«[15]

Ein anderer erzählte: »Das Ganze war für mich ein Rätsel. Als die Freunde mich später im Krankenhaus besuchen kamen, erzählten sie mir nicht, wie man nüchtern bleibt (Anmerkung der Autorin: Sie gaben keine Ratschläge, wie man das Problem löst). Sieben Tage lang erzählten sie mir bloß Geschichten über ihr Trinken. ... Ich genoß den Besuch dieser Menschen. Bevor ich das Hospital verließ, kapitulierte ich endgültig, was, wie ich glaube, äußerst wichtig war. Man mußte zusammen mit einem anderen Menschen niederknien und mit ihm laut beten und von sich erzählen. Weißt du, das erste Konzept der 12 Schritte sah vor, daß man auf den Knien kapitulierte. Aber auf Drängen der anderen strich Bill diese Forderung.«[16]

Kapitulieren, das heißt, ich gebe den Kampf für, um oder gegen etwas auf, (ich habe keine Chance ihn zu gewinnen,) eine bestimmte Art mich durchzukämpfen, mich zu verhalten, ein bestimmtes Lebensmuster in Bezug auf mich selbst und auf die anderen. In der Regel Benedikts gibt es ein Kapitel »Von den Werkzeugen der geistlichen Kunst« (Regel 4), in dem werden 74 solcher Werkzeuge genannt. Was Benedikt da im sechsten Jahrhundert für seine Ordensregel aufgreift, ist ursprünglich eine altkirchliche Moralkatechese für Laien, also nicht etwas Spezielles für Mönche oder Nonnen im Kloster, sondern ganz allgemein christlich gültig. Es ist grundlegend, nicht zusätzlich. Natürlich soll man die Werkzeuge nicht alle gleichzeitig gebrauchen, das wäre dilettantische Hantiererei, und natürlich taugen nicht alle für jede Arbeit. Meiner Erfahrung nach sollten wir die »Werkzeuge« des Kämpfens viel weniger, als wir das üblicherweise tun, benutzen und vielmehr mit den »Werkzeugen« des Nichtkämpfens vertraut werden und sie zu gebrauchen lernen. In ihnen sind viele Menschen erstaunlich ungebildet und ungeübt.

Werkzeuge des Nichtkämpfens

Was ist aber gemeint mit den »Werkzeugen des Nichtkämpfens«, wie läßt sich das verstehen? Am

44

Beispiel der Werkzeuge der geistlichen Kunst in der Regel Benedikts kann man das so sehen: es ist zunächst einmal alles das damit gemeint, was durch ein »nicht« gekennzeichnet ist. Von den 74 aufgezählten Werkzeugen betrifft das immerhin 34! Um einige zu nennen: »Nicht töten (3). Nicht ehebrechen (4). Nicht stehlen (5). Nicht begehren (6). Kein falsches Zeugnis geben (7). Nicht suchen, was den Sinnen schmeichelt (12). Sich nicht zu Taten des Zornes hinreißen lassen (22). Nicht im Groll verharren (23). Nicht Böses mit Bösem vergelten (29). Niemanden hassen (65). Nicht aus Neid handeln (67). Den Streit nicht *lieben* (68) ...« (Regel 4)

Es geht dabei um ein Zurücknehmen von Aktivität, einer bestimmten Art von Aktivsein, nicht um ein Weniger an Engagement. Den verschiedenen Temperamenten der Menschen und den verschiedenen Phasen des Lebens entsprechend mag das verschieden gewichtet sein, und dennoch gilt es. In jedem Fall, für jeden der sich darauf einläßt, ist es sehr herausfordernd. Es geht ja dabei – grundsätzlich und in ganz konkreten Dingen – um eine Lebenshaltung und Reife mit der kein Mensch schon geboren wird, die noch keinem in die Wiege gelegt worden ist, die noch keinem in den Schoß fiel. Finden kann sie jeder. Aber kämpfend kann man dort niemals hinfinden. Mit Waffen und Rüstung kommt man nie durch die Tür, auf diese Ebene des Lebens.

Es war Anfang der achtziger Jahre, kurz nach den großen, heftigen Demonstrationen gegen den

Natodoppelbeschluß zur Nachrüstung, als die Machtblöcke in Europa noch starr voreinanderstanden, und die Grenze überdeutlich noch mitten durch Deutschland lief. Ein junger Freund besuchte unser Kloster. Er engagierte sich stark in der Friedensbewegung, ein wunderbar leidenschaftsfähiger Mensch. Er erzählte, wie es war, als er zu denen gehörte, die bei den Demonstrationen in Bonn – um Gewalt und deren Eskalation zu verhindern – eine Menschenkette zwischen den verschiedenen Blöcken bildeten. Sie standen zwischen dort aufgestauten und zusammengeballten Aggressionen. Er erzählte, was es ›kostete‹, dort stehen zu bleiben. Die allerwichtigste und herausfordernste Aufgabe der Menschen, die in dieser Kette standen, Hand an Hand, war es still zu halten und stehen zu bleiben in gesammelter Konzentration auf das Geschehen ringsum. Er erzählte, wie schwer das sei und wieviel Mut, Einübung, Kraft und Geduld dieses Engagement brauche.

Sicherlich braucht es nicht allein die Übung des ›Nicht-Tuns‹, aber das zu üben, ist schon viel. Weiterhin braucht es dann auch die Übung des schlichten, ehrlichen, guten Tuns. Um wieder Beispiele aus Benedikts Kapitel von den Werkzeugen der geistlichen Kunst zu nennen: »Alle Menschen ehren« (8), das heißt allen Menschen in Ehrfurcht begegnen. »Die Kranken besuchen (16). Denen, die in Not sind, zu Hilfe kommen (18). Seine Hoffnung auf Gott setzen (41) ...« (Regel 4)

Alles hat seine Zeit, gewiß, und das beste Tun und Lassen ist, wenn es zur Unzeit getan und gelassen wird, noch lange nicht hilfreich und gut. Es bedarf einer kontinuierlichen Achtsamkeit des Herzens und eines immer wieder ehrlichen Hinschauens. Doch ist der in guter Weise lebendige, ›aktive‹ Mensch sicher nicht der Mensch der meisten Aktivitäten. Schlichtes tut not. Es werden ja nicht nur im Leben viele Gefechte fruchtlos verloren, viele verlieren sich ja auch in die Gefechte, in den Gefechten des Lebens, manchmal geht das rasend schnell und ohne jedes Halten.

Gewaltlos, nicht kraftlos
(zweiter und dritter Schritt)

Ich kann sagen, daß für mich die innere Haltung und Bereitschaft des Kämpfens – des Kämpfens mit mir selbst, mit anderen, mit inneren und äußeren Widerständen – eine der häufigsten Fallen und Fehlhaltungen meines Lebens war, bis nichts mehr ging. Das Gegenteil von Kampf ist nicht Feigheit, Trägheit oder Versagen, sondern Nichtkampf und Gewaltlosigkeit, die viel Mut kosten. In der Gesellschaft, in der ich lebe, ist es nicht selbstverständlich gewaltlos zu werden. Aber wer kämpft, ist sehr leicht fixiert auf etwas oder wen und verliert – mit oder ohne Sieg – ganz leicht die schlichte Berührung mit dem Leben und auch mit sich selbst. Heute schäme ich mich nicht mehr zu sagen, daß es viel Not und gründliches Scheitern gebraucht hat, bis meinem Leben (nicht meinem Verstand, der wußte schnell viel, aber das war ja zuwenig und half nicht wirklich weiter, oft hat es statt dessen gehindert) dämmerte, was Nicht-Kämpfen und Kapitulieren meint. Immerhin war ich schon 37 Jahre alt, als mir in einer entscheidenden Zeit Freunde sagten: »Du kämpfst zuviel. Du kämpfst immer noch. Hör doch auf zu kämpfen.« Damals habe ich erschüttert gemerkt, ich konnte das andere gar nicht, ich wußte gar nicht, wie es denn anders ging. Heute kann ich es zugeben, denn es bedeutet und bezeugt doch auch, daß man in jedem Alter anfangen kann, das Wichtige zu lernen und zu tun. Vielleicht werde ich nie meisterlich, aber dranbleiben werde ich. Es ist eine Entscheidung, eine sehr schlichte Entscheidung.

Der wirkliche Gewinn und Zuwachs im Leben geschieht auf einer ganz anderen Ebene als der des Kämpfens. Durch das Nichtkämpfen, im scheinbar Großen wie im scheinbar Kleinen, auf welcher Ebene auch immer, ist mir mehr Freiheit und Kraft zugewachsen, als ich mir das jemals geträumt hätte. Nichtkämpfen ist nicht weniger aktiv als Kämpfen, nur ganz anders. Für meinen Teil scheint mir, ich bin heute ›nichtkämpfend‹ (in allem bemüht um Gewaltfreiheit, das heißt in Bezug auf mich selbst, andere, Gott und das Leben) tauglicher und tüchtiger im Leben, als ich das früher war. Dazu hat es viel Schmerzen gebraucht, das Anerkennen von Holzweg und Scheitern und die Kapitulation. Aber es hat sich, selbst um den hohen Preis, den es gekostet hat, sehr gelohnt.

Nebenbei gesagt, wirkt sich mein Verhalten, egal wie gesund oder krank es ist, natürlich immer auch sozial und auf mein Umfeld aus. Extrem deutlich wird das, wenn man sieht, wie die aktive Suchterkrankung eines Familienmitglieds die Erkrankung der ganzen Familie mit sich bringt. Die Kräfte verbinden sich dabei oft seltsam. Alle sind betroffen, alle leiden allein, alle leiden aneinander, alle brauchen Hilfe, alle müssen *notgedrungen* ein neues Verhältnis finden, zu sich selbst und zu dem Ganzen, wenn das Leben wieder neu werden soll. Darum arbeiten auch die Angehörigen der Suchtkranken mit dem gleichen 12-Schritte-Programm. Indem sie ihren eigenen Weg gehen lernen, besser gehen lernen, tun sie dem Ganzen gut.

Kapitulieren, das heißt nicht, daß alles Bisherige falsch war. Am Beispiel des heiligen Petrus läßt sich das gut zeigen. Jesus hatte Petrus gerufen, und der war schon mit seinem ganzen heftigen Charakter diesem Ruf gefolgt. Die Evangelien überliefern manche Beispiele dafür. Aber zu seiner eigenen guten Form kann Petrus erst finden, indem er nach der dreimaligen Verleugnung Jesu im Hof des Hohenpriesters von Jesus angesehen wird und er wahrnimmt, wie es um ihn steht, und darüber bitterlich weint. Das war längst nicht die erste Einsicht und Selbsterkenntnis des Petrus. Aber eine solche Selbsterkenntnis und Einsicht mußte bis auf den Grund des Wesens dringen, bevor sich nach dem, was sich da im bitterlichen Weinen ausdrückte, das Wesen tiefgehend wandeln konnte. Der Weg war schon vorher richtig ... Aber erst jetzt war Petrus anders geworden, war er wirklich imstande, Verantwortung für sich und andere und das Evangelium Jesu Christi zu tragen.

Die Nachfolge Jesu ist, wie der Weg des jüngeren Sohnes im Gleichnis, eine Umkehr und ein Heimweg, den Jesus uns öffnet und gehen hilft, ein Weg der Annahme unserer Selbst, der Gemeinschaft miteinander und mit Gott, der unser Werden und die Fülle des Lebens will. Erst die Annahme und Anheimgabe unserer Selbst öffnet uns den Weg und macht uns bereit zu wirklicher und lebensbejahender Beziehung. Das lehren auch der zweite bis zwölfte Schritt. Wir legen die Waffen beiseite und kommen zum Glauben, daß eine Macht, größer als wir selbst, uns helfen kann, und wir entschließen uns unser wirkliches Leben der Sorge Gottes – wie auch immer – anzuvertrauen.[17]

Nebenbei bemerkt: Wer seine eigene innere und äußere Wahrheit nicht sieht, zu sehen und anzunehmen lernt und sich selbst aufgrund dieser Wahrheit nicht angemessen und wirklich ernst nimmt, nimmt – wo immer ich hinsehe – sich fast immer selbst zu wichtig.

Im schon zitierten Text aus den Anfangsjahren der AA heißt es: »Nach der Kapitulation wurden viele der Schritte – welche die Inventur, das Eingeständnis von Charakterfehlern und die Wiedergutmachungsleistung einbezogen – innerhalb von wenigen Tagen durchgenommen.«[18] Alles hängt am wirklichen, das heißt am echten Anfang.

Zum persönlichen Weiterdenken

Achten Sie einmal auf alles Kämpfen bei sich (in Gedanken, Worten und Werken), sich selbst und

50

anderen gegenüber, auf all die Nicht-Gelassenheit,
all das Nicht-Wohlwollende. Wo setzt es an? Wo
kommt es her? Und wenn Sie solches Kämpfen
wahrnehmen, versuchen Sie es doch einmal, mit
dem Kämpfen aufzuhören. Was geschieht dann?
– Und was geschieht in Ihnen, wenn Sie sich in
tiefgründigen, wie schlichten, ganz praktischen
und zuweilen banalen Situationen Gott wirklich
und offen anvertrauen und anheimgeben, ihm und
seiner Sorge, in der er uns väterlich aus der Tür
seines Hauses entgegenläuft (vgl. Lk 15)?

Habe ich schon einmal aufgehört zu kämpfen,
die Waffen gestreckt, wie man sagt, und kapitu-
liert? Aus welchem Grund?

Was ist nach dem Kampf gewesen? Wie ging es
mir? Woran erinnere ich mich? Habe ich mich eher
preisgegeben oder eher anheimgegeben?

Kann ich mich kampflos Gott anvertrauen?

Welches Verhältnis habe ich zu den bisherigen
»Holzwegen« meines Lebens? Gibt es derzeit ei-
nen Holzweg? Warum habe ich begonnen, ihn zu
gehen? Warum gehe ich ihn heute noch weiter?
Was wünsche ich mir da?

IV. Inventur und Ehrlichkeit (vierter Schritt)

Wenn wir, nach der Kapitulation im Kampf um den eigenen Sieg und das eigene Bestehen, unser Leben der Sorge Gottes – wie wir Ihn verstanden – anvertraut haben, sind einige weitere wichtige Schritte auf dem Weg wirklicher Umkehr möglich. Wir sind dann bereit geworden uns, ohne daß wir uns und anderen etwas vormachen wollen, aufrichtig und ernst unseren eigenen Themen zu stellen.

Auf diese nun nötigen und möglichen Schritte werde ich hier nur anfanghaft und auswahlweise eingehen. Wenn man sich darauf einläßt, kann man aber sehr weit damit gehen.

Der vierte Schritt lautet: »*Wir machten eine gründliche und furchtlose Inventur in unserem Innern.*« Inventur, da fällt mir etwas ein aus meinen Kindertagen. An jedem Jahresende stand sie an, die Inventur. Alles, was in den Regalen des Lebensmittelladens meiner Eltern stand, mußte gezählt und aufgelistet werden. Damals ging das ohne Computer, noch alles per Hand. Das war eine ziemliche Rechnerei und es ging um die Bilanz.

Auch die Inventur im vierten Schritt meint eine Bilanz, aber es geht nicht um eine Aufrechnung.

Es geht nicht um Soll und Haben, nichts wird abgerechnet. Es geht um die Bereitschaft und das ehrliche, unbemäntelte Wagnis, alles, was ist und was unser Leben beinhaltet und prägt, anzusehen, wahrzunehmen ohne Beschönigung, ohne Anklage, ohne Verteidigung. Den ganzen Bestand ansehen und den bisherigen Gewinn, seine Gründe, Muster und Hemmnisse, wie auch den bisherigen Verlust mit seinen Gründen, Mustern und Hemmnissen wahrzunehmen. Ich sehe die verschiedenen Räume meines Lebens an, die verschiedenen Ebenen, auf denen sich da das Denken, Fühlen, Tun und Lassen immerzu abspielt, die verschiedenen Entwicklungen, die da gelaufen sind und die noch laufen. Ich sehe die verschiedenen Versäumnisse an mir und das von mir an anderen Versäumte und auch das, was ich selbst bei mir versäumt habe. Aber ich sehe auch die Geschenke und Gaben an, die mir geschenkt wurden und die ich schenken konnte. Ich sehe das Leid, die Leere und die Fülle, die Ängste, den Mut und den Übermut, die Wunden, das Kranke und das Gesunde, das Glück. Alles, was da ist und sich zeigt, sehe ich in größtmöglicher Ehrlichkeit an und lasse es als meine Wahrheit gelten. Ich lasse das Ganze gelten und fixiere mich nicht auf einen Teil, nicht auf etwas oder jemanden außerhalb von mir. Ich brauche mir nichts vorzumachen, es hilft auch nicht, wenn ich mir etwas vormache. Das verstärkt nur, was ohnehin vielleicht schon schwierig ist, und raubt letztlich die Kraft, die ich für das Wirkliche nötig brauche. Die Mogelpackung des Sich-etwas-

Vormachens entfernt mich immer nur von mir und dem Leben. Und das sind wohl welche von den wenigen Schmerzen, die ich mir im Leben ersparen kann.

»Da ging er in sich ...« (Lukas 15)

In den Worten des Sohnes im Gleichnis heißt das: »Da ging er in sich und sagte: Wie viele Tagelöhner meines Vaters haben mehr als genug zu essen, und ich komme hier vor Hunger um. Ich will aufbrechen und zu meinem Vater gehen und ihm sagen: Vater, ich habe mich gegen den Himmel und gegen dich versündigt. Ich bin nicht mehr wert, dein Sohn zu sein, mach mich zu einem deiner Tagelöhner« (Lk 15,17-19).

Die Inventur kann in der Stille geschehen, in die ich mich wieder einmal zurückziehe, sie kann in einem Gespräch geschehen, das ich bewußt suche. Ich kenne manche, denen hat es geholfen, klarer zu sehen und wahrzunehmen, was ist, indem sie es aufgeschrieben haben. Nie geht es dabei bloß um äußere Fakten, – die angebliche Objektivität ist auf den meisten Lebensebenen etwas sehr Relatives – sondern um personal gefüllte Wirklichkeit.

Das ganze bisherige Leben einmal so in den Blick zu nehmen, kostet Mut und braucht Vertrauen. Es braucht zuvor wirklich, daß wir uns der Sorge Gottes anvertrauen. Meist wird der Mensch, der sich darauf einläßt, zugleich bescheiden (nicht in einem klein gedachten Sinn) und dankbar, und – ohne etwas aus dem ›Bestand‹ auszuradieren – befreit zu einem wirklichen Neuansatz, einer neuen Orientierung.

Solche Inventur tut dem Leben gut. Die Dinge (und wir in ihnen) verfangen und verstricken sich dann nicht mehr so schnell. Aber die Sache ist nicht ein für allemal zu tun und damit abgetan. Sie ist immer wieder gut und hilfreich. Im zehnten Schritt der AA heißt es: »Wir setzten die Inventur bei uns fort, und wenn wir unrecht hatten, gaben wir es sofort zu.«

In unseren sechs täglichen klösterlichen Gebetszeiten gibt es zweimal am Tag, einmal mittags und einmal abends, eine kurze Zeit der Stille, die der Gewissenserforschung dienen soll. Die Gewissenserforschung ist auch solch eine Inventur. Doch wir sollten dabei darauf achten, nicht das bloß Negative zu sammeln, sondern all das, was ist, nicht bloß das Versäumte, Verschuldete oder Schuldiggebliebene wahrzunehmen, sondern ebenso auch das *gut* Getane, *recht* Gegebene, *wirklich* Versuchte. Nur dann wächst in solcher wachen und ehrlichen Aufmerksamkeit (die die alten Wüstenväter schon kannten und pflegten, sie nannten sie ›nepsis‹) das echte, personale Gespür für das mögliche Richtige oder Unrechte, das Angemessene oder das Unpassende, das Warum und das Wozu. Ich lerne zu sehen, was mir hilft und was mich hindert, was mich blockiert und was mich freier macht, was meinem Leben guttut und was ihm schadet. Und ich werde neu und anders über mich selbst hinaussehen können. Die Inventur sollte darum eine gewisse Regelmäßigkeit haben, damit wir uns ohne lange Verzögerung und ohne viel Aufschub eingestehen können, wo *etwas*, wo *wir* schief laufen, damit wir anhalten und aufhören können, und wo wir uns heillos verheddern, damit wir uns in diesem oder jenem Verhalten ehrlich korrigieren können.

Mit egozentrischer Selbstbespiegelung hat das allerdings nichts gemeinsam. Wer sich auf diesen Weg einläßt, weiß: Ich bin ein Teil der Welt, aber ich bin nicht der Nabel der Welt. Einmal las ich irgendwo, daß der Stamm der Hopi-Indianer immer einen Stab mitgeführt habe. Und egal, wo sie ihr Lager aufschlugen, steckten sie diesen Stab in die Erde. Dort war dann für sie das Zentrum der Welt. Ich kann die Gebräuche der Hopi-Indianer nicht werten, dazu weiß ich zu wenig über sie. Aber dieses Phänomen kommt in zahllosen Variationen vor. Viele Menschen verhalten sich in ihrem Denken und Fühlen genauso und verwechseln sich so leicht mit dem Mittelpunkt der Welt. Aber der bin ich nicht und brauche ich auch nicht zu sein. Im Gegenteil scheint es mir doch so zu sein, wo ich mich selbst zu wichtig nehme, nehme ich mich nicht angemessen und richtig wahr und wichtig. Nur wenn alle Selbstüberschätzung und Aufgeblasenheit, so unbemerkt, heimlich und verkleidet sie auch daherkommen mag – in einer Opfer-, Verfolger-, Retterrolle oder welcher Rolle und Figur auch immer – die Luft abläßt, finde ich auf den Boden meiner wirklichen Wirklichkeit und Wichtigkeit zurück. Dann kann ich die

Verantwortung für mich und andere übernehmen, wie sie denn ansteht. Diese schlichte Ehrlichkeit, dieses immer wieder die aufgestaute »Luftablassen« und gute Durchatmen der Lebenswirklichkeit kann jeder Mensch einüben und lernen. Die Hindernisse, auf die wohl jeder bei sich stoßen wird, sind korrigierbar, wenn nicht in ihren Ursachen so doch in ihren Auswirkungen. Natürlich braucht so etwas Zeit und Übung, es wäre seltsam wenn nicht. Aber da liegt nicht das Problem. Nur geschieht das nicht von selbst, wir müssen uns zuerst entscheiden.

Meditationsanregung

In dem Buch »24 Stunden am Tag«, das ursprünglich ein Meditationsbuch von und für AA- Leute war, gibt es zu jedem Tag des Jahres jeweils drei kurze Texte, einen sogenannten »Gedanken zum Tag«, eine »Meditation« und ein kurzes »Gebet«. Als Beispiel und Hilfe für das mir Aufzeigenswerte nun vier Beispiele aus den »Gedanken zum Tag«. Diese Beispiele sind nicht umfassend, sie regen die ganze Wirklichkeit, um die es geht, nur an, sie erschöpfen sie nicht. Aber sie zeigen doch den Geist, in dem man, inspiriert von den 12 Schritten, der eigenen Lebenswirklichkeit begegnen, sich ihr nähern und stellen kann.

5. Mai: »Ich mußte mich aufspielen und prahlen, damit die Leute denken sollten, ich sei sonst wer, obwohl sie genausogut wie ich wußten, daß in Wirklichkeit wenig mit mir los war. Ich wollte

nicht die anderen zum Narren halten, und trotzdem bin ich die leidige Gewohnheit, mich aufzuspielen, auch jetzt noch nicht los – wenngleich ich nun schon eine ganze Weile nicht mehr trinke. Immer noch neige ich dazu, mich zu hoch einzuschätzen und mehr scheinen zu wollen, als ich bin. *Bilde ich mir womöglich etwas darauf ein, daß ich jetzt nüchtern bin?*

25. Juni: Eine höchst ermutigende Tatsache im Leben ist, daß du aus deiner größten Schwäche dein größtes Plus machen kannst. Drachen und Flugzeuge steigen im Gegenwind auf. Und wenn wir einen hohen Berg erklimmen, brauchen wir gerade die rauhen Felsvorsprünge und scharfen Überhänge als Unterstützung beim Klettern. So kann dir ein Nachteil zum Vorteil gereichen, sobald du dich mutig dazu bekennst. Untersuche deine Schwäche also genau und gehe ihr auf den Grund. Mache sie zum Mittelpunkt deines Denkens. Keine Schwäche jedoch, wie zum Beispiel unser Trinken, wird zu einem Plus, ehe man sich nicht ehrlich dazu bekannt hat.

23. August: Nachdem wir uns die AA-Prinzipien zueigen gemacht haben, sehen wir uns alle früher oder später zu einer gründlichen Selbstanalyse genötigt. Wir müssen uns nämlich Klarheit darüber verschaffen, was uns innerlich hemmt, und uns davon befreien. Darum machen wir Inventur, das heißt, eine ehrliche, vielleicht schmerzliche Bestandsaufnahme. Wir untersuchen unsere Charakterschwächen, die uns letztlich zum Verhängnis wurden. Dabei sind Reue und Groll

unsere ärgsten Feinde. Ein Leben, das von diesen tiefsitzenden Gefühlen beherrscht wird, ist unglücklich und aussichtslos.

28. August: Wir müssen weiterhin innere Inventur machen und neue Fehler bereinigen. Mit wachsendem Verständnis wird uns das immer besser gelingen. Allerdings erlernt sich das nicht von heute auf morgen, sondern im Laufe eines ganzen Lebens. Hüten wir uns also weiterhin vor Selbstsucht, Unaufrichtigkeit, vor Ärger, Groll und Angst. Wann immer wir davon befallen werden, müssen wir Gott bitten, uns davon zu befreien. Wir dürfen uns nie auf unseren Lorbeeren ausruhen, sonst rennen wir ins Unglück. Wir sind keineswegs (vom Alkoholismus) geheilt. Es ist uns lediglich eine tägliche Gnadenfrist gewährt, die von unserer inneren Verfassung abhängt.

Lege ich mir täglich über meine innere Verfassung Rechenschaft ab?«[19]

Vielleicht ist im Zusammenhang dieser schlichten und ernsten Gedanken, das Gebet, oder wie die AA-Leute sagen »der Gelassenheitsspruch« hilfreich, der in den Gruppen am Ende jedes Treffens miteinander gesprochen wird: »Gott gebe mir die Gelassenheit, Dinge hinzunehmen, die ich nicht ändern kann, den Mut, Dinge zu ändern, die ich ändern kann, und die Weisheit, das eine vom anderen zu unterscheiden.«

Nach seiner »Inventur« macht sich im Gleichnis der schon nicht mehr verlorene, aber noch nicht angekommene Sohn auf den Weg heim zu seinem Vater. Ehe er aber im Frieden des Versöhntseins ankommt, muß er selbst erst verschiedene Schritte gehen.

Vor Jahren machte sich ein Freund vor seinem 65. Geburtstag auf den Fußpilgerweg nach Santiago de Compostella. Mit im Gepäck trug er den Brief eines ihm befreundeten orthodoxen Priesters, der ihm für den Weg vier Schritte ans Herz legte: Vergebung, Loslassen, aufmerksames Leben in der Gegenwart Gottes und Dankbarkeit. Vergebung und Versöhnung, das sind die Stichworte, um die es im Folgenden geht. Hier möchte ich im Zusammenhang mit der ehrlichen Inventur nur noch weitergeben, was er da zur Vergebung schrieb:

»Der heilige Ignatij Briantschianinov sagt: ›Die erste Vorbereitung besteht darin, daß wir Rache, Wut, Haß, Vorwürfe, Verachtung und Verurteilung für unsere Nächsten ablegen.‹

Ich bin der Ansicht, daß das sehr buchstäblich zu verstehen ist. Nächste das sind Eltern, Geschwister, Lehrer, Jugendfreunde, Nachbarn, Kollegen usw. Eine solche Vorbereitung soll geschehen nach der Weisung des Herrn, der uns sagt: ›Wenn ihr beten wollt und ihr habt einem anderen etwas vorzuwerfen, dann vergebt ihm, damit auch euer Vater im Himmel euch eure Verfehlungen vergibt (Mk 11,25).‹

Lieber Freund, wenn du mit Gott gehen möchtest, dann ist es deine erste Aufgabe zu vergeben. Tu es systematisch. Untersuche deine ganze Vergangenheit von heute bis zur frühesten Kindheit. Überprüfe, wenn möglich, jeden Abschnitt deines Lebens. Aber sei auf der Hut, der Dämon wird versuchen, dich mit frommen Gedanken und Gefühlen in die Irre zu führen. Nach einem halben Stündchen wirst du anfangen zu denken, daß du fast nichts zu vergeben hast, aber das man dir vieles zu vergeben hat. Und obwohl das vielleicht wahr ist (du kannst es dann später in Santiago beichten), darfst du dir nicht deine Aufgabe der ersten Tage rauben lassen. Suche in deinem Gedächtnis, bitte Gott um Erinnerung und sprich mit leiser Stimme: ich vergebe ...«

Was da angesprochen wird, ist in seiner Ganzheit sicherlich nicht als Aufgabe an einem Tag zu bewältigen. Es spricht jedoch gar nichts dagegen, anzufangen und es zu tun. Und gewiß müssen wir uns im Verlangen nach Versöhnung auch ebenso nötig wie auf das hier Angesprochene auf den Prozeß der Vergebung uns selbst gegenüber und Gott gegenüber einlassen.

Zum persönlichen Weiterdenken

Jeder Mensch denkt manchmal über sich nach, sei es in einer schwierigen Situation oder einer bestimmten Beziehung. Aber es könnte noch einmal anders und weiterhelfen, wenn ich mein ganzes Leben einmal wirklich anschaue, fragend, wahrnehmend, in großer und zunehmender Ehrlichkeit und in der Bereitschaft, mich meiner Wirklichkeit zu öffnen.

Bin ich mir gegenüber ehrlich? Mache ich mir gern oder manchmal etwas vor? Warum eigentlich und wo?

Bin ich heute bereit, die ganze Sammlung meines Lebens in die Inventur einzubeziehen und in einer Inventur anzunehmen? Es sind hier nicht die äußerliche Vollständigkeit, nicht die Leistungsfähigkeit und der Erfolg gefragt, sondern nur die ehrliche Bereitschaft.

Bin ich bereit, mich ohne lange Umschweife zu korrigieren, wenn ich merke, daß ich auf meinem Weg schieflaufe? Warum nicht? Was macht mir dabei vielleicht Angst?

Gott gebe mir die Gelassenheit, Dinge hinzunehmen, die ich nicht ändern kann, den Mut Dinge zu ändern, die ich ändern kann, und die Weisheit, das eine vom anderen zu unterscheiden.

V. Schritte in die Versöhnung

Irgendwann einmal muß der Weg des Menschen ins Leben zu einem Weg in die Versöhnung werden. Nichts was er sonst noch dazulernen und gewinnen mag, kann ihm den Frieden bringen, nach dem er sich sehnt. Das gilt für den Menschen, das gilt für die Menschheit, für jede Generation und es gilt in jedem Zusammenhang. Wohl ist dabei zu bemerken, daß der Versuch zur Harmonisierung und wirklichen Versöhnung echte Gegensätze sind, wie echt und unecht, Geld und Falschgeld, tief und untief. Sie sind ganz verschiedener Geister Kinder. Vielleicht kann man sagen, die Harmonisierung ist nicht der Versuch sondern die Versuchung der Versöhnung, die Frieden schenkt.

Die innere ehrliche Inventur hilft uns wahrzunehmen, wieviel Vergebung und Versöhnung nötig ist, um in den Frieden des Herzens zu finden und in Frieden den Weg durch das Leben, wie es sich auftut, weitergehen zu können. Im Gleichnis des Evangeliums steht der Sohn auf und macht sich auf den Heimweg, den Rückweg zum Vater. Er geht auf die tiefste Versöhnung zu, die ihm da im Vater entgegenkommt. Aber er muß sich auch entscheiden, selbst Schritte zu setzen, damit er ganz in die Arme der Gnade findet, die ihm schon entgegenläuft. Die Schritte fünf bis neun des 12-Schritte-Programms der Anonymen Alkoholiker, helfen uns dabei. Es geht darum einzugestehen, was falsch und schief lief. Es geht darum, in einer konstruktiven, tief das Leben bejahenden Weise mit unseren Wunden, Fehlern umzugehen, mit den Fehlhaltungen, die wir dem Leben, uns selbst, den anderen gegenüber und in allem dem Gott des Lebens gegenüber eingenommen haben, und in die neu zu verfallen wir immer wieder in Gefahr geraten.

Zugeben (fünfter Schritt)

Der fünfte Schritt heißt: » *Wir gaben Gott, uns selbst und einem Menschen gegenüber unverhüllt unsere Fehler zu.* « Die Wahrnehmung dessen, was in unserem Leben zerstörerisch war oder ist, soll uns helfen, aus dem aus vielen Fäden gewebten Netz der Isolation in unserem Leben und Fühlen freizukommen. Ohne das nüchterne, furchtlose und unverhüllte Aussprechen unserer Fehlhaltungen und -handlungen, mit dem wir uns zum Beispiel in der Beichte Gott und einem Menschen, das heißt der Gemeinschaft der Lebendigen, der Gemeinschaft der Kirche öffnen und zuwenden, wird das nicht geschehen können. Dabei geht es nicht darum, bloß auf der Verstandesebene Konflikte und Irrtümer anzuschauen, sondern das braucht vielmehr Ganzheitlichkeit, Ehrlichkeit und Demut.

Nach katholischem Verständnis ist vor der Lossprechung, der Sündenvergebung in der Beichte, neben dem Bekenntnis auch die Reue eine nötige Voraussetzung dafür, das sakramentale Geschenk der Versöhnung empfangen zu können. Anders ausgedrückt kann man sagen, nur die hingehaltene Wunde, nur der empfundene und mitgebrachte Schmerzpunkt kann die Heilung empfangen. Nur in die Offenheit einer Wunde kann die Heilung hineinfließen. Was in uns verschlossen ist und sich oft bis in die Vergessenheit vergraben und verborgen hat – aus Angst, aus Scham, aus Schulderfahrnis oder warum auch immer – bleibt friedlos lebendig und treibt, solange es unversöhnt bleibt, sein Unwesen in unserem Dunkeln. Erst muß es offen werden und wieder einmal angerührt und gefühlt werden, ehe es erlöst und frei werden kann.

Nur in einem so geweiteten Horizont kann Seelenfrieden wachsen und Beziehung neu werden. Der Heilungsweg läuft dabei von der Ehrlichkeit über die Annahme meiner Lebenswahrheit, zu der ich – wie sie denn ist – mein ›Ja‹ sage, über die unumgängliche Trauer und Trauerarbeit, die dann zum Loslassen und zur Vergebung bereitet bis dahin, daß ich daraus schlicht die Lehre für mein gegenwärtiges Leben ziehe. Und dies alles immer wieder, so alltäglich wie es nötig ist und so oft es nötig ist, denn mit *einem* Durchgehen ist es normalerweise nicht getan. Wir könnten die verborgenen Schmerzen und Wunden, all das, was uns das Leben schuldig blieb, und was wir dem Leben schuldig geblieben sind, gar nicht auf einmal verkraften. Aber nach dem Maß unserer Lebenskraft und Bereitschaft heben sich die Dinge nach und nach aus den Tiefen ans Licht und zeigen sich, und bitten uns, sie einmal anzuschauen, damit wir für sie mit Gottes Hilfe dann einen Ort des Friedens suchen in den Kammern unseres Lebenshauses.

Wenn wir uns an einer Stelle auf den Umkehr- und Heilungsweg einlassen, will meiner Erfahrung nach, immer mehr auf diesen Weg mitgenommen werden. Und dabei werden uns die Dunkelkammern wohl manches Mal zu den Schatzkammern unseres Lebens. Anselm Grün schreibt: »Versöhnung mit sich selbst heißt zuerst, sich mit der eigenen Geschichte auszusöhnen ... Viele haben allerdings eine große Last mit sich herumzuschleppen ... Aber irgendwann einmal müssen wir uns aussöhnen mit allem, was wir erlebt und erlitten haben. Nur wenn wir bereit sind, uns auch mit unseren Wunden auszusöhnen, können sie sich wandeln. Für Hildegard von Bingen ist es die eigentliche Aufgabe des Menschen, seine, Wunden in Perlen zu verwandeln.«[20]

Melody Beattie[21] schreibt zum fünften Schritt: »Um damit anzufangen, ist es dringend erforderlich, daß wir unsere eigenen Scham- und Schuldgefühle, Ängste, Geheimnisse und alles, was uns sonst noch stört, was uns kleiner macht, als wir sind, was uns belastet, niederdrückt und Unbehagen bereitet, ausfindig machen, loslassen, ja loswerden ... Das geschieht am besten dadurch, daß

wir zu sprechen anfangen und alles Innere ›her-
vorholen‹. Diese Methode ist einfach und sehr
wirksam, um allmählich gesünder zu werden.«[22]
Unser Leben gewinnt dabei eine aufrichtige Offenheit, und wir werden menschlicher.

*Wann habe ich zuletzt einem Menschen gegen-
über wahr und frei von mir gesprochen? Wenn es
mir schwer fällt, von mir zu sprechen, warum fällt
es mir schwer?*

*Wie spreche ich, wenn ich von mir spreche? Bau-
sche ich leicht etwas auf? Oder spiele ich gern Dinge, Menschen oder mich herunter? Kann ich in einer schlichten und ruhigen Art über mich sprechen?*

*Wie stehe ich zu dem, was ich vielleicht zuzu-
geben hätte? Kann ich das Gott gegenüber offen-
legen, aussprechen? Wüßte ich einen Menschen,
bei dem ich das aussprechen könnte?*

Loslassen (sechster Schritt)

Im folgenden sechsten Schritt geht es dann darum, ganz bereit zu sein oder zu werden, »*all diese
Charakterfehler von Gott beseitigen zu lassen*«,
das heißt bereit zu sein, sie selbst los- und hinter
uns zu lassen.[23] Es geht darum, bereit zu sein, der
Heilung und damit verbundenen Veränderung in
meinem wirklichen Leben praktisch Raum zu geben und dies in enger Verbindung mit dem zweiten Schritt des Weges zu tun, in dem wir darauf
vertrauen, daß Gott, der mehr vermag als wir
selbst, uns das Heil und die geistige Gesundheit,
die Versöhnung schenken will.

Viele Haltungen haben wir im Laufe des Lebens angenommen und uns angewöhnt, weil wir uns durch sie vielleicht einmal in irgendeiner Situation unseres Lebens schützen konnten oder geschützt fühlten, weil sie uns etwas überleben halfen, weil wir vielleicht anders damals noch nicht überleben konnten. Oft werden solche Haltungen dann festgehalten und fortgeführt in der Meinung, sie wären gut und dienlich. Und irgendwann gehören sie dann zum Lebensmuster dazu, sind sie eingebunden worden in unser Sicherheitssystem, auch wenn es längst nicht mehr stimmt, daß sie uns helfen und schützen und irgend etwas Gutes tun. Denn statt unser Leben zusammenzuhalten, fesseln und blockieren sie uns, wo wir doch frei werden könnten. Tatsächlich haben wir so viele andere Möglichkeiten, unser Leben zu bestehen, unseren Weg zu gehen. Aber gerade wenn wir uns selbst noch unsicher fühlen und uns selbst noch nicht vertraut sind in den anderen Möglichkeiten, brauchen wir Gottvertrauen, um es zu wagen, die Blockaden loszulassen.

Dem Gedankengang Melody Beatties folgend will ich einige Beispiele für das, was da bereitwillig loszulassen und hinter uns zu lassen wäre, nennen:

- negative Meinungen, die uns hindern lebendig zu sein und anderen lebendig zu begegnen
- alte Gefühle, die uns blockieren
- das Bedürfnis, Situationen und Menschen im Griff zu haben
- das Bedürfnis zu kontrollieren und zu manipulieren

- das Bedürfnis nach Perfektion und die Angst vor Unvollkommenheit
- unsere gesammelten Ängste und Sorgen
- die Neigung, andere für mich und das, was mir weh tat, verantwortlich zu machen
- die Neigung, meine Zufriedenheit von anderen zu erwarten
- die Angst vor Gefühlen, besonders vor scheinbar negativen
- die Unfähigkeit Gefühle angemessen auszudrükken
- mangelndes Selbstvertrauen
- die Überschätzung meiner selbst
- die Vernachlässigung dessen, was ich für mich und meinen Frieden tun kann
- liebloses Verhalten mir selbst und anderen gegenüber
- Engherzigkeit
- geringes Gottvertrauen[24].

Diese Liste ließe sich noch lange weiterführen. Wohl jeder Mensch kennt Spuren davon, die sein eigenes Lebensland durchziehen. Das Leben kann dadurch schwer und viel Lebendigkeit eingeengt und abgeschnürt werden. Der sechste Schritt rät uns etwas Besseres, als daß wir uns tapfer damit *herumschlagen*. Er rät uns all das, wo und wie es denn kommt und sich zeigt, immer wieder und immer mehr loszulassen, so existentiell uns das möglich ist, und so zunehmend bereit zu sein, *es von Gott beseitigen zu lassen*.

Es gibt soviele wichtige Dinge im Leben, die uns nicht in die Wiege gelegt sind, die wir aber durch Bereitschaft und geduldiges Üben erlernen können, und die uns öffnen für ganz tiefe Schönheiten des Lebens, auch unseres Lebens. Melody Beattie gibt einige Übungen zu diesem Schritt an, die uns darauf aufmerksam machen, wo solches Loslassen bei uns vielleicht gerade akut ist. Ich nenne hier nur zwei davon:

1. » Mit welchen problematischen Überzeugungen, Verhaltensweisen, Gefühlen, Wünschen oder Bedürfnissen haben Sie im Moment am meisten zu kämpfen? Vielleicht sollten Sie sich allmählich klarmachen, daß Sie mehr und mehr dazu bereit sind, diese nun loszulassen.«

2. » Glauben Sie, daß man Gott wie auch diesem Prozeß, der als innere Heilung bezeichnet wird, rückhaltlos vertrauen kann?«[25]

Wünschen können – bitten lernen (siebter Schritt)

Der siebte Schritt heißt dann: »*Demütig baten wir ihn (Gott), unsere Mängel von uns zu nehmen.*« Jesus fragt oft, bevor er im Evangelium ein Wunder der Heilung wirkt, den Menschen: »Was willst du, daß ich dir tun soll?« Für viele Menschen ist es gar keine Kleinigkeit, darauf zu antworten. Es muß schon viel geschehen sein, bis einer so klar und demütig und einfach geworden ist, daß er oder sie ihre Antwort wissen. Wir erlangen und empfangen oft nichts, weil unser Bitten und das tiefe Wünschen unseres Herzens so überlagert vom Allerlei oder so diffus zerstreut und verwirrt ist.

Es ist keine Kleinigkeit, wünschen zu können. Als klassisches Lehrstück dazu kann das Märchen »Der Arme und der Reiche« in der Sammlung der Brüder Grimm gelten.

In diesem Märchen wanderte der liebe Gott über die Erde und sucht des abends ein Nachtlager. Der Reiche, den er zuerst bittet, verschließt ihm Herz und Haus, die Armen im Häuschen gegenüber öffnen ihm gern beides. Wie das geschieht, lohnt sich wohl Bild für Bild anzusehen. Hier will ich aber darauf nicht eingehen. Anderntags vorm Weitergehen gibt der liebe Gott den Armen als Dankeschön für ihre Gastlichkeit drei Wünsche frei. Zwei wissen sie gleich: die ewige Seligkeit und das notdürftige tägliche Brot. Den dritten wollen sie ungewünscht fahren lassen. Da läßt Gott selbst sich einen Wunsch für sie einfallen und schenkt ihrem Leben ein neues Haus. Das sieht dann auch der reiche Nachbar gegenüber (Natürlich geht es hier um zwei alternative Lebenshaltungen.) und erkundigt sich genau. Was er hört von den Wünschen, kann er nicht ertragen und setzt, beraten von seiner Frau, mit dem Pferd dem lieben Gott nach, holt ihn auch ein und redet und redet und will auch drei Wünsche frei haben. Gott rät ihm wohl ab, denn er sieht, daß der arme Reiche gar nicht wirklich wünschen kann, schließlich aber gibt er nach, und der Reiche macht sich auf den Heimritt. Die Möglichkeiten schütteln ihn, er überfordert sich, denn er will so wünschen, daß gar nichts mehr zu wünschen übrigbleibt, und kann die vielen unversehens getanen Wünschlein doch nicht stille halten und ist bald, ehe er es denken kann, schon kläglich gescheitert. Da ist die Kraft der freien Wünsche verpufft.

Ohne Demut und Schlichtheit werden wir selbst in unserem besten und ernstesten Wünschen und Bemühen scheitern müssen. – *Und ich, wenn Jesus mich nun fragte wie die anderen Heilungsbedürftigen im Evangelium, was er mir denn tun soll ... Kann ich schon schlicht bitten? Worum will ich ihn heute bitten?*

Wenn in den Geschichten des Evangeliums Menschen Jesus bitten, dann hat das fast immer mit Heilung und Befreiung zu tun: Befreiung von dem, was uns hindert, so lebendig zu sein, wie wir zuinnerst ahnen, daß wir es sein sollten oder möchten oder könnten. Es heißt dann: »daß ich sehen kann«, »daß ich gehen kann«. Soviel ist imstande unseren Blick zu trüben oder unsere Beweglichkeit zu lähmen. Suchtstoffe, die viele Menschen elend und krank machen, sind da nur der kleinere Teil, die Spitze eines Eisberges. Dieser ist aufgebaut aus viel und frühem Schmerzerleben, aus falschen oder inzwischen falschgewordenen Verhaltensweisen, aus Verdrängtem, Verlagertem, Verstrickungen, aus Schuldgefühlen oder Schamgefühlen, aus Lebensängsten oder Sterbensängsten. Und das meiste davon liegt und wirkt tief unter der Oberfläche des Tagesgeschehens.

Beim Menschen, der im Angesicht seiner Wahrheit zu seinem Lebenswunsch findet und Gott zu bitten lernt, wird es nicht mehr darum gehen –

wie das schrecklich tiefsinnig und viel zu oft in vielen Vordergründigkeiten des Lebens geschieht – mehr zu haben, sondern sich auf das Heilwerden einzulassen. Gott schenkt mir keinen neuen Mantel, um mein Weh und Leid und alle meine Schwächen und alles, was da fehlt, zuzudecken, er will mich, wenn ich bereit werde dazu, in meiner eigenen Haut und Tiefe heiler und freier werden lassen. Es geht um einen Prozeß, einen Weg der Veränderung, auf dem ich mir nicht fremder sondern ähnlicher werde, damit ich ehrlich, nüchtern und auch gern das Leben täglich wagen oder immerhin doch tragen kann.

Um deutlicher zu sehen, was ist und fehlt, wohin es denn gehen und worum ich Gott bitten könnte, kann das Sprechen helfen. Auch Aufschreiben kann klären. Anknüpfend an die Inventur des Ganzen sammle ich mich nun bei dem derzeit am deutlichsten Spürbaren. Vielleicht kann ich dann auch einmal sagen, wie ich denn gerne wäre. Mit der Vision im Herzen kehre ich zurück in meine Wirklichkeit und nehme sie an – auch das heißt demütig –, denn nur von da aus ist alle Entwicklung möglich. Alles, was das bemäntelt, muß abgelegt werden, wenn einer geheilt werden will. So wie es der blinde Bettler Bartimäus im Evangelium nach Markus tat, der da nach Jesus und Erbarmen schreiend am Wegrand sitzt und sich von nichts und niemand zum Schweigen bringen läßt. Als Jesus ihn dann zu sich ruft (Schritt und Weg muß sein, blind oder nicht!), springt er auf, wirft den vermutlich einzigen Mantel, den er

überhaupt hat, ab, läuft zu Jesus und weiß auf
Jesu Frage seinen Wunsch zu sagen. Bartimäus ist
ein Hoffnungsträger für uns alle.

Den Schaden ansehen (achter Schritt)

Der siebte Schritt führt uns praktisch an den Anfang vom Ende unserer Isolation von Gott und
den Menschen und in den achten Schritt hinein:
»*Wir machten eine Liste aller Personen, denen wir
Schaden zugefügt hatten, und waren gewillt, ihn
bei allen wiedergutzumachen.*«

Melody Beattie rät in ihrer Anleitung zum 12-
Schritte-Programm dazu, drei Listen aufzuschrei-
ben. In die erste sollten wir demnach zuerst die
Menschen und Namen schreiben, die uns geschadet und wehgetan haben:

»Nachbarn, Freunde, Verwandte, Mutter, Vater, Geschwister, Freund bzw. Freundin, Geliebter
bzw. Geliebte, Angestellte, Arbeitgeber, Kollegen,
Schulkameraden: Denken Sie über all diese Personen einmal nach. Wer hat Ihnen weh getan? Wer
hat Sie enttäuscht? Welche Beziehung läßt Sie mit
einem schmerzlichen und bitteren Gefühl zurück?
Diese Liste ist sehr wichtig und zugleich eine Chance, all diese tiefen Verletzungen zum Vorschein
kommen zu lassen. Zählen Sie alle Personen auf,
die bei Ihnen etwas wiedergutmachen müssen.
Und vergessen Sie dabei nicht: Ihr Heilungsprozeß spielt sich auf einer tiefinneren Ebene ab.
Nehmen Sie sich daher auch genügend Zeit, um
so gründlich wie möglich vorzugehen. Sie werden

aus dieser sorgfältigen Untersuchung den größten Nutzen ziehen.«[26]

In die zweite Liste gehören die Menschen, denen wir wehgetan und geschadet haben, gegen die wir uns vielleicht verletzend gewehrt haben, die wir kontrolliert oder manipuliert haben, die unsere Aggressionen abbekommen haben, denen wir verwehrt haben, was ihnen zustand von unserer Seite, die wir belogen, enttäuscht oder überfordert oder im Stich gelassen haben. Es geht dabei nicht darum, in Selbstvorwürfen zu baden, uns selbst zu fesseln und zu peinigen mit Blick auf unser Versagen und Unterlassen, sondern darum, all das anzusehen, um es aus Hand und Herz zu legen und in Gottes Erbarmen hinein, auf das wir alle angewiesen sind, vertrauend loszulassen. So nur werden wir frei und bereit genug, unsere Verantwortung für den heutigen Tag zu übernehmen und konstruktiv zu leben.

Die dritte Liste bezieht sich auf uns selbst. Denn höchstwahrscheinlich haben wir uns selbst durch die Fehlhaltungen, die wir bewußt oder unbewußt und aus vielerlei Gründen angenommen haben, am häufigsten Schaden zugefügt und Leid angetan. Wie bin ich mit mir umgegangen? Was habe ich meiner Seele, meinem Leben getan?

Viele Namen, viele Wunden sammeln sich auf diesen Listen. Wir brauchen Zeit und Geduld, um da hindurchzugehen. Aber alles Ungelöste fesselt uns.

Man kann diese Namen und Dinge, wenn es hilft, auch auf »Schuldscheine« schreiben, die dann nach und nach, so gut es geht, losgelassen, weggelegt und zerrissen oder verbrannt werden können. Egal wie, wir müssen über den Schaden hinaus, wenn wir wollen, daß unser Leben Frieden findet. Das mag manchmal langsam gehen, immer ist es ein Prozeß. Das Wort kommt vom Lateinischen »procedere« und heißt »fortschreiten«.

Aber alles in uns, was in die Versöhnung und den Frieden finden soll, muß irgendwie mit auf den Weg und in die einzelnen Schritte des Weges mitgenommen werden. Anders werden die Wunden niemals zu Perlen, anders bleibt jeder Wundverschluß oberflächlich, auch wenn wir meinen, die Geschichte schon vergessen zu haben. Nur von der angenommenen Last und Belastung können wir befreit werden. Nur das wahrgenommene Leid kann geheilt werden. Nur der erkannte und zugegebene Irrweg kann korrigiert werden. Nur die Wunden, die wir bei uns selbst, bei anderen, in der Geschichte unseres Lebens weder verharmlosen noch beschönigen, weder verdrängen noch aufbauschen, sondern – während wir selbst immer schlichter werden – mitnehmen und auf dem Weg und seinen inneren und äußeren Schritten loslassen, wenn die Zeit dazu reif geworden ist, nur solche Wunden und Geschichten können verwandelt werden. Sie können, ohne daß die Wunde aufhört Wunde gewesen zu sein, zu einem Segen werden, der unser eigenes Leben durchströmt und über uns selbst hinausfließt.

Es »wieder gut machen« (neunter Schritt)

Der neunte Schritt ergibt sich aus dem Bisherigen: » *Wir machten bei diesen Menschen alles wieder gut – wo immer es möglich war –, es sei denn, wir hätten dadurch sie oder andere verletzt.*« Wir sind nun in der Lage, uns selbst wirklich und konkret öffnen zu können, um neu auf Menschen zuzugehen und mit uns und anderen in einer angemesseneren, liebevolleren Weise umzugehen. Manchmal ist ein Wort, eine Klärung, eine Bitte um Verzeihung anderen oder mir selbst gegenüber möglich. Seien wir darin ebenso ehrlich wie behutsam, ebenso frei wie diskret. Zu dem, wie ich heute weiß, kostbaren und keineswegs selbstverständlichen Grundwissen meiner Kindertage gehört das Bild meiner Mutter, die sich, wenn irgend etwas vorgefallen war, sehr einfach entschuldigen konnte, auch bei uns Kindern. Das hatte nichts Gestrecktes, sondern Größe und Einfachheit in Einem. Ich hab nie daran zu zweifeln brauchen, daß, um Verzeihung zu bitten in dieser Schlichtheit, zur Freiheit und Würde des Menschen gehört. Es ist etwas, das aufrichtet, nicht niederdrückt, etwas, das viel wiedergutmachen kann.

Vieles wird sich aber auch nach rückwärts nicht wiedergutmachen lassen. Das Versäumte bleibt irgendwie für immer versäumt. Nur muß uns das nach den gegangenen Schritten nicht mehr fesseln für die Gegenwart. In dem Maß, in dem ich aufrichtig und zur Versöhnung bereit, zu dem stehe, was war, bin ich dann auch imstande, mit all den

Erfahrungen andere Schritte und Wege zu gehen. Dann gilt es mit der Alltagsmünze der Wiedergutmachung in meinem Leben zu handeln, und die heißt: es anders zu machen; die heißt auch: alles zu meiden, was ich meiden kann, was mich in die Gefahr meiner schädlichen Verhaltensmuster bringen kann. Für den Alkoholiker ist das Alkohol und falsches Denken und Fühlen. Aber jeder hat da seines, das weiß ich wohl.

Vielleicht heißt das für einen, zuzuhören, wo er bisher kaum wirklich zuhörte. Für einen anderen Menschen kann es bedeuten darauf zu achten, daß er anderen Raum gibt, wo diese sich oft überrollt oder an die Wand gedrückt sahen. Wieder für einen anderen kann es der Verzicht auf negatives Reden sein, oder der Verzicht darauf die Dinge unreflektiert weiterhin totzureden oder aber auch totzuschweigen. Oder es kann um eine neue Aufmerksamkeit für den Menschen gehen, der vielleicht darunter leidet, in seiner eigenen Person kaum wahrgenommen zu werden. Es kann sein, daß ich üben sollte mir und anderen etwas wirklich zu gönnen, das Gute zu gönnen. Es kann aber auch sein, daß ich einen gesünderen Lebensrhythmus oder eine »innere Hygiene« oder eine Selbstdisziplin für mich und mein Verhältnis zu anderen zu entwickeln versuche.

Es geht darum, die Konsequenzen aus dem Gewesenen ehrlich anzunehmen und dabei sowohl mich als auch die anderen Menschen um mich herum im Blick zu behalten. Dieser Schritt des 12-Schritte-Programmes kann uns das lehren.

Es – wie auch immer – anders zu machen, das übt sich in täglicher Übung ein, wird eine Haltung und eine Richtung, die dem von Gott geschenkten Leben guttut. Da ist der Umkehrweg zu einem lebensbejahenden Lernweg geworden, der auf dieser Erde ohne Ende ist, der das Herz immer mehr weitet und uns schließlich, während wir noch gehen und durch mancherlei hindurchfinden müssen, ganz in Gottes Umarmung und seinem Lieben ankommen läßt. Wir sind dann dem heimgekommenen Sohn im Gleichnis des Evangeliums ähnlich, der in die Arme seines Vaters gefunden hat, und von diesem neu Schuhe, Kleid und Siegelring empfängt als Zeichen einer ganz erneuerten Sohnschaft. Wir sind um-ge-kehrt. Doch das Leben geht immer noch weiter. Wir kommen an keinen Endpunkt. Wir bleiben in einem Prozeß.

Aufmerksam lebendig sein
(zehnter und elfter Schritt)

Wie es nicht nur darum ging, auf den *richtigen* Weg zu finden, sondern *richtig* auf den Weg zu finden, so geht es nun darum in einer guten und lebendigen Weise auf diesem Weg zu bleiben. Dazu helfen der zehnte und elfte Schritt. Was in ihnen angesprochen wird, hilft auf dem Abenteuerweg des Lebens weiter zu gehen, ohne die Spur der neuen, schlichten und wirklichen Lebendigkeit zu verlieren. Es ist so entscheidend, daß Inneres und Äußeres in guter Berührung bleiben, nicht verloren gehen und zu unserem Unheil voneinander getrennt werden durch das Vielerlei oder das Einerlei im täglichen Betrieb mit seinen oft tief eingegrabenen Mustern. Denn die sind ja nicht einfach gelöscht. Es ist nur natürlich, daß wir ihnen immer wieder einmal in uns oder in unserer Nähe begegnen.

Das hat sein Gutes. Es hält in uns das Gespür dafür wach, wie wir, um lebendig zu bleiben (nicht nur: um zu überleben), und um zufrieden zu sein, einer neuen täglichen inneren Aufmerksamkeit bedürfen, in der wir unseren Weg gehen. Denn die Ausgeglichenheit ist die Frucht der Balance.

Wenn es im zehnten Schritt heißt: *» Wir setzten die Inventur bei uns fort, und wenn wir Unrecht hatten, gaben wir es sofort zu«*, dann geht es nicht um kleinliche Buchhalterei, sondern eben darum, diese Balance zu bewahren und uns, ehe wir uns gründlich verfahren, verheddern oder abstürzen, neu auszurichten, indem wir bereit sind, die Verantwortung für uns zu übernehmen.

In einem Text der AA heißt es zu diesem Schritt: »Wir AA ... wissen, daß wir erst den Leidensweg des Alkoholikers gehen mußten, ehe wir die Nüchternheit erlangten, daß wir zuerst die seelische Zerrissenheit durchmachen mußten, ehe wir Gelassenheit fanden.«[27]

Überall da, wo wir Zerrissenheit in uns wahrnehmen, im Alltäglichen wie im Schicksalschweren, sind wir gefragt. Da ist etwas mit uns nicht in Ordnung, da können wir mit Hilfe dieses Schrittes neu in Ordnung kommen oder zu einer besseren inneren Geordnetheit finden. Innere Unruhe und Gereiztheit, große Stimmungsschwankungen, die uns hin- und herreißen, diese Gefühlstumulte, die uns so leicht ins Schleudern bringen können, sie alle sind Zeichen, daß wir im laufenden Geschehen einmal anhalten und aufmerksam hinsehen sollten auf das, was sich da tut, um in diesen Unklarheiten klarer zu sehen, was sich ja offensichtlich zeigen will. Es ist sinnvoll, das einerseits in guter Regelmäßigkeit zu tun, und andererseits immer möglichst bald, wenn irgend etwas akut ist.

Ganz gewiß geht es auch um ein Wahrnehmen des Positiven. Ich kann es mir gar nicht leisten, das zu ignorieren, ich will es auch nicht ignorieren, dankbar sehe ich da hin und sehe so viel. Aber hier möchte ich jetzt bei den Gefährdungen bleiben, jedoch immer mit einer sehr positiven Zielrichtung: »Schließlich kommen wir zu der Erkenntnis, daß alle Menschen, auch wir selbst, irgendwie seelisch gestört und oft im Irrtum sind. Das bringt uns einer wahren Toleranz näher, und wir erkennen die echte Liebe zu unseren Mitmenschen. Je weiter wir in unserer persönlichen Entwicklung vorwärtskommen, desto klarer wird uns, wie sinnlos es ist, sich zu ärgern oder sich verletzen zu lassen durch Menschen, die genau wie wir unter den Schmerzen des Erwachsenwerdens leiden:«[28] Man könnte auch sagen, wir gehen dann den Weg unseres menschlichen Reifens durch alle Landschaften hindurch und immer weiter, und doch hat unser Herz schon den Frieden gefunden.

Es tut uns als Mensch und Mitmensch nicht gut, wenn wir uns von innerem Groll lähmen lassen, wenn uns aufbrausende Wut aus den Fugen unserer Selbst geraten läßt, wenn wir uns in Selbstüberschätzung aufblasen oder in Euphorie abheben, wenn wir uns blenden lassen oder andere blenden. Was treibt uns da gerade? Es ist in solchen Situationen wichtig, zu den Beweggründen zu finden. Für die Müllerstochter in Grimm's Märchen »Rumpelstilzchen« war es schließlich sogar lebensbedrohlich, den Namen des Ungeistes nicht nennen zu können. Auch die Lebensregel des Mönchsvaters Benedikt weist darauf hin, wie wichtig das Aussprechen ist. Indem wir den Namen sagen, können wir den Beweggrund ansehen, können wir in einen Dialog eintreten. Zwanghaftigkeit und Überrolltwerden verlieren sich. Dann können wir zugeben, was falsch lief, uns darum kümmern und es korrigieren und in einem wiedergewonnenen Gleichgewicht leben ... bis zur nächsten Herausforderung. Und so weiter! Ein AA-Text beschreibt das so, nachdem zuvor offensichtlichere Fehlhaltungen angesprochen wurden:

»In anderen Fällen müssen wir tiefer forschen, um unsere wahren Beweggründe herauszufinden. Das sind die Fälle, in denen sich unsere alten Gewohnheiten, das Erfinden von Ausreden, wieder einschlichen und unser wirklich falsches Verhalten rechtfertigen. Immer waren wir versucht, unserem Handeln gute Beweggründe unterzuschieben. Hier lag der Irrtum.

Wir bildeten uns ein, wir hätten jemanden ›konstruktiv kritisiert‹, der es nötig hatte. Unser wirkliches Motiv war jedoch, einen schwachen Standpunkt zu überspielen. Ein anderer Fall: Es wird über einen Menschen gesprochen, der nicht anwesend ist. Wir geben vor, anderen seine Art verständlich zu machen. In Wirklichkeit geht es uns darum, dem Abwesenden überlegen zu sein, indem wir ihn abwerten. Manchmal verletzen wir die, die wir lieben, weil wir ›es ihnen mal zeigen wollen‹. Unser wirkliches Motiv jedoch ist, sie zu bestrafen. Wir waren deprimiert und klagten, daß es uns schlecht gehe. In Wirklichkeit suchten wir hauptsächlich Sympathie und Beachtung. Diese sonderbare Art unseres Verstandes und unseres Gefühles, dieser merkwürdige Wunsch, ein schlechtes Motiv hinter einem guten zu verstekken, zieht sich durch alle Bereiche des menschlichen Lebens. Diese kaum wahrnehmbare und unerklärliche Art von Selbstgerechtigkeit kann hinter dem nebensächlichsten Denken und Tun versteckt sein. Das Wichtigste für die Persönlichkeitsbildung und für ein sinnvolles Leben ist, täglich Fehler zu entdecken, zuzugeben und zu verbessern. Aufrichtiges Bedauern über den Schaden, den wir angerichtet haben, echte Dankbarkeit für die Segnungen, die wir erhalten haben, und die Bereitschaft, es morgen besser zu machen – das sind die dauerhaften Werte, die wir anstreben.

Haben wir so unseren Tag betrachtet und nicht versäumt, unsere guten Taten zu zählen, und haben wir furchtlos in unserem Inneren geforscht, dann können wir Gott aufrichtig für die Segnungen des heutigen Tages danken und mit gutem Gewissen schlafen.«[29]

Womöglich heben sich in der Beschäftigung mit diesem Schritt nach und nach neue Räume und Probleme unseres Lebens ins Licht, damit wir sie einbeziehen. Der Weg hört nie auf, das ist ein Segen. Melody Beattie nennt in diesem Zusammenhang ein Gebet, von dem sie sagt, ›das hilft mir immer‹: »Offenbare mir, Gott, was ich gerade lernen muß. Lenke mein inneres Wachstum, führe mich.«[30] Oder mit den Worten des alten Psalmes 139: »Erforsche mich Gott und erkenne mein Herz, prüfe mich und erkenne mein Denken! Sieh her, ob ich auf dem Weg bin, der dich kränkt, und leite mich auf dem altbewährten Weg.« (Ps 139, 23f)

Nun sind wir schon ganz im elften Schritt angelangt: »*Wir suchten durch Gebet und Besinnung die bewußte Verbindung zu Gott – wie wir ihn verstanden – zu vertiefen. Wir baten ihn nur, uns seinen Willen erkennbar werden zu lassen und uns die Kraft zu geben, ihn auszuführen.*« Für den Genesungsweg nach dem AA-Programm reicht es nicht allein, daß wir mit uns selbst in Berührung bleiben, wenngleich das wohl die Voraussetzung ist, mit einem anderen überhaupt wirklich in Berührung zu kommen. Zu diesem Weg gehört wesentlich dazu, wie es schon der zweite und dritte Schritt ganz deutlich machten, daß der Mensch mit Gott in Berührung kommt, sich ihm öffnet und ihm sein ganzes wirkliches Leben anvertraut.

Von dort her kommen Kraft, Heil und Leben. Die Orte der Gotteserfahrung und die Wege in die Gotteserfahrung sind in dieser Welt verschieden. In diesem Sinn spricht das AA-Programm von der »Macht, die größer ist als wir selbst« und von »Gott, wie wir ihn verstanden«. Dieses zweifellos religiöse Programm ist nicht mit *einer* Religion verbunden. In der ganzen Entwicklung hat es sich gezeigt, daß das für die AA und ihre Aufgabe hilfreicher ist. Wie auch immer, es ist für alle grundlegend wichtig, mit dieser Macht und Kraft des Lebens, die wir Gott nennen, in Verbindung zu sein, um richtig leben zu können. Diese Verbindung nährt sich jedoch nicht aus Debatten und Diskursen, sondern aus Gebet und Meditation. Der elfte Schritt weist darauf hin, daß diese Gottverbundenheit und Gottesbeziehung immer mehr zu vertiefen ist. In den Worten der AA-Literatur:

»Wir wissen aus Erfahrung, daß es über die guten Ergebnisse des Gebetes keinen Zweifel gibt. Durch beharrliches Gebet fanden wir mehr Kraft als wir selbst aufbringen konnten. Wir fanden Weisheit, die unsere eigenen geistigen Fähigkeiten übertraf. Wir fanden zunehmend inneren Frieden, der uns auch unter schwierigen Umständen einen sicheren Halt gibt.

Wir entdecken, daß unser Leben von dem Zeitpunkt an von Gott gelenkt wird, an dem wir aufhören Ihm Forderungen und Bedingungen zu stellen. Fast jeder erfahrene AA kann von sich berichten, wie für ihn die Dinge eine merkliche und unerwartete Wendung zum Besseren genommen haben, nachdem er versucht hatte, die bewußte Verbindung zu Gott zu vertiefen. Aus jedem seelischen Tief, wenn Gott nach seiner Ansicht hart oder ungerecht mit ihm verfahren war, konnte er neue Wahrheiten entdecken. Er fand neuen Mut und kam schließlich unausweichlich zu der Überzeugung, daß Gott ›tatsächlich auf unerforschliche Weise Seine Wunder an uns vollbringt‹.[31]

Die Formen des Betens sind vielfältig, auf dem Schweigen oder dem Gespräch mit Gott, auf dem ganz eigenen persönlichen Ausdruck, auf vorgefundene Gebete der Traditionen oder auf dem schlichten, tiefen Wiederholungsgebet mag dann – je nach Wesen und Struktur und Lebensphase der Menschen – der Akzent gelegt sein. Es kann sein, daß einer den abgesonderten, besonderen Gebetsraum, ein anderer die Alltagswinkel für sein Beten vorzieht. Alles kann gut und recht, verschieden und gemischt sein. Da muß ein jeder, vielleicht auch mit Hilfe, allmählich seinen eigenen besten Zugang finden.[32] Aber immer wird dieses Gebet eine Beziehung sein. Beziehungen, die diesen Namen verdienen, *hat* man nicht, man *lebt* sie. Und wenn wir sie leben, fließt durch sie hindurch die Kraft in unser Leben und füllt es in einem Maß, daß sie auch über unser Leben hinausfließt.

Leben weitergeben (zwölfter Schritt)

»*Nachdem wir durch diese Schritte ein geistiges Erwachen erlebt hatten, versuchten wir, diese*

Botschaft an Alkoholiker weiterzugeben und un-
ser tägliches Leben nach diesen Grundsätzen aus-
zurichten.«

»Das Leben so auszurichten und die Botschaft weiterzugeben«, das sind die Aufgaben, die der zwölfte Schritt des AA-Programms stellt. Über die Ausrichtung des Lebens ist nun schon manches gesagt worden, aber was bedeutet es, die Botschaft weiterzugeben, und warum ist das wichtig genug, an den Schluß gestellt zu werden? Allgemein läßt sich wohl feststellen, was ich anderen bezeuge, hilft auch mir selbst in meiner Erfahrung, der Glaubenserfahrung und Heilsgeschichte meines Lebens. Das Zeugnis, das ich gebe und geben darf, trägt auch mich. Wenn die Leute der AA dieses Zeugnis noch leidenden Alkoholikern weitergeben (sie geben ja ihr Zeugnis weiter, keine wortreichen Ratschläge), werden sie dabei auch immer neu mit viel leidvoller Wirklichkeit konfrontiert, die sie wach hält und nicht vergessen läßt, was die Alternative zum gefundenen Weg ist, auch für sie selbst. Wir alle leben immer auch gefährdet. Vielleicht ist das Alkoholikern besonders klar, weil sie wissen, ihre Krankheit hat sie nicht verlassen, sie schlummert nur und wird mit dem ersten Glas Alkohol wieder über sie hereinbrechen mit all dem Elend, das sie mit sich brachte. Schließlich und vor allem ist dies Weitergeben der Botschaft für sie aber ganz sicher eine Form der Dankbarkeit für das Geschenk der eigenen Genesung, die niemals selbstverständlich sein wird. Was da weitergegeben wird ist ein ungeheures Hoffnungszeichen für jeden, der noch in erlebter Ausweglosigkeit leidet und doch Hilfe sucht. Weitergeben und sich in Dienst nehmen lassen sind etwas, was die Lebendigen dem ganzen Leben schuldig sind, ohne daß sie sich dabei in ungesunder Weise zu wichtig nehmen.

VI. *Eine wirklich gute Botschaft*

Noch einmal gefragt: was ist das für eine Botschaft, die am Ende dieser 12 Schritte allgemein weitergegeben werden kann? Ich nenne ein paar Stichworte: Umkehr ist möglich, immer wieder und jedem. Es gibt ein neues Erwachen. Lebensfreude und ein erfülltes Leben sind möglich. Es gibt eine bessere Möglichkeit zu leben. Jeder Mensch kann damit beginnen, egal wie zerstört sein Leben ihm zu sein scheint, wenn er sich nur auf diese Möglichkeiten einzulassen bereit ist. Es gibt eine andere Möglichkeit mit Ängsten und Gefühlen zu leben, eine freundlichere, eine die nicht krankmacht. Wir können frei werden von dem, was uns fesselt. Wir haben es nicht nötig, uns selbst oder andere zu fesseln, zu beherrschen oder zu drängen. Zwar kann kein Mensch ein Leben führen, zu dem nicht auch Leid und Schmerz gehören, aber wir können leben, ohne uns und anderen irgendeine Gewalt anzutun. Wir können lernen, liebevoller und aufmerksamer die Verantwortung für unser eigenes Leben zu übernehmen und lernen, das für andere nicht zu tun, weil sie Menschen sind, die das zu ihrem Glück selbst lernen können. Und wo wir schuldig werden, können wir damit aufhören, und manchmal können wir etwas wiedergutmachen. Wir können zu einer unermüdlichen Geduld und Zuversicht finden, die uns und allen anderen gilt. Jeden Tag können wir etwas dazulernen, jeder Tag ist gut genug damit anzufangen. Und kein Mensch braucht das alles aus eigener Kraft und ohne Hilfe zu können. Es gibt viele Menschen, die ähnliche Schritte und Wege gehen und uns zu Gefährten werden wollen. Es gibt einen Gott, der uns schon entgegenkommt wie der Vater im Gleichnis seinem Sohn, der aus der Selbstverlorenheit umkehrt. Es sind schon viele vor uns die Schritte gegangen, die wir nun in einer sehr schlichten Ehrlichkeit gehen können. Sie führen uns immer weiter in die Erlösung und eine Lebensfreude hinein, in die Erfahrung eines Friedens, den die Welt nicht geben und auch nicht mehr nehmen kann.

Das Mastkalb, das der Vater im Gleichnis für seinen Sohn schlachten läßt, um es beim Festmahl der Freude über den dem Leben wiedergeschenkten Sohn aufzutischen, ist auch noch wichtig. – Was da geschieht, entspricht in mancher Hinsicht dem Ausklang des 12-Schritte-Programmes. – Ein Mastkalb ist zuviel für einen, man muß es mit anderen teilen, sonst verdirbt der Braten. Heilung und Versöhnung lassen sich nicht konservieren und nicht einfrieren für den späteren privaten portionsweisen Verzehr. Sie wollen immer neu und frisch geteilt sein mit allen, die danach hungern und des Weges kommen. Gott weiß, warum es so ist, er meint es sehr gut mit uns.

Anmerkungen

[1] Im Jahr 1953 hielten amerikanische Soldaten in Deutschland das erste öffentliche AA-Meeting ab. Ende der 70er Jahre gab es in der BRD und Westberlin bereits 800 Gruppen, heute gibt es bundesweit etwa 2200 AA-Gruppen.

[2] Lao-Tse, Tao-Tê-King, Das heilige Buch vom Weg und von der Tugend, Stuttgart 1972, S. 51.

[3] Ebd., S. 79.

[4] Bert Brecht, Gesammelte Gedichte in vier Bänden. Band 2, Frankfurt 1976, S. 660-663.

[5] Ebd., S. 663.

[6] Reden des Buddha. Mit einer Einführung von Helmuth von Glasenapp, Stuttgart 1971, S. 35.

[7] Der Koran. Das heilige Buch des Islam. Nach der Übertragung von Ludwig Ullmann neu bearbeitet und erläutert von L. W. Winter, München 11. Auflage 1980, S. 275.

[8] Die Benediktusregel (lateinisch-deutsch), hg. im Auftrag der Salzburger Äbtekonferenz, Beuron 1992. Die Belege aus der »Benediktusregel« sind im Text jeweils mit »Regel« gekennzeichnet. Hier Prolog 21.

[9] Daran knüpft auch die Darstellung der Himmelsleiter nach Johannes Klimakus († um 649) an, wie es in der Ostkirche oft dargestellt wurde. Dort steigen Menschen die Sprossen der Leiter hinauf. Aber manche, sogar solche, die schon eine hohe Stufe erklommen haben, vermutlich sind sie falsch gestiegen, haben sich sozusagen »verstiegen«, stürzen kopfüber aus ihrer Höhe in die gähnende Leere des Abgrunds.

[10] Seit 1939 nannte Frank Buchman diese Bewegung »Moral Rearmament« – »Moralische Wiederaufrüstung«.

11 Dr. Bob und die guten Oldtimer. Eine Biographie mit Erinnerungen der ersten AA im Mittelwesten, Hrsg. u. © Anonyme Alkoholiker deutscher Sprache 1992, S. 58f.

12 Bill und Bob. Lebensdaten und Letzte Reden, Hrsg. u. © Anonyme Alkoholiker deutscher Sprache, 7. Auflage 1996, S. 16f.

13 »Meeting« werden die regelmäßig stattfindenden Treffen und Gespräche der AA genannt. Es gibt solche Meetings auch für die Angehörigen der AA.

14 Dr. Bob und die guten Oldtimers, a.a.O., S. 110.

15 Ebd., S. 111.

16 Ebd., S. 128f.

17 Der zweite Schritt lautet wörtlich: » *Wir kamen zu dem Glauben, daß eine Macht, größer als wir selbst, uns unsere geistige Gesundheit wiedergeben kann.* Der dritte Schritt lautet: *Wir faßten den Entschluß, unseren Willen und unser Leben der Sorge Gottes – wie wir Ihn verstanden – anzuvertrauen.*

18 Dr. Bob und die guten Oldtimers, a.a.O., S. 111.

19 24 Stunden am Tag. Hazelden Meditationsbücher, München, 3. Auflage 1990 (ohne Seitenangaben).

20 Anselm Grün, Vergib dir selbst. Versöhnung – Vergebung, Münsterschwarzacher Kleinschriften Band 120, 3. überarbeitete und akualisierte Auflage, Münsterschwarzach 2001, S. 34f.

21 Melody Beattie schreibt über diese Schritte als eine Frau, die selbst abhängig ist, wie auch als Co-Abhängige, das heißt als Angehörige eines Abhängigen, und auch als Therapeutin. Sie lebt in Minnesota/USA. Mit ihren Büchern erzielt sie dort hohe Auflagen. In deutscher Sprache sind von ihr mehrere Titel im Heyne Verlag, München, erschienen.

22 Melody Beattie, Mut zur Unabhängigkeit, München 1992, S.136.

[23] Der sechste Schritt heißt wörtlich: » *Wir waren völlig bereit, all diese Charakterfehler von Gott beseitigen zu lassen.*«.

[24] Vgl. Melody Beattie, a.a.O., S. 156f.

[25] Melody Beattie, a.a.O., S. 167f.

[26] Melody Beattie, a.a.O., S. 183.

[27] Zwölf Schritte und zwölf Traditionen, Hrsg. Anonyme Alkoholiker deutscher Sprache, 4. Auflage 1987, S. 88.

[28] Zwölf Schritte und zwölf Traditionen, a.a.O., S. 87.

[29] Zwölf Schritte und zwölf Traditionen, a.a.O., S. 89f.

[30] Melody Beattie, a.a.O., S. 254.

[31] Zwölf Schritte und zwölf Traditionen, a.a.O., S. 99.

[32] Melody Beattie nennt einige hilfreiche Fragen, die man sich stellen kann, wenn man erkennen will, wie es zur Zeit um einen selbst steht: »Haben Sie angefangen, das Gebet als tägliche Disziplin aufzufassen? Worin besteht es? Welche Gefühle ruft das Gebet in Ihnen wach? Wovor haben Sie Angst, wenn Sie zu Gott sprechen? Welche Tageszeit eignet sich am besten dafür? Gibt es einen Ort, wo Sie am liebsten beten?« in: Melody Beattie, a.a.O., S. 278.

Literatur zum Thema

Anonyme Alkoholiker. Ein Bericht über die Genesung alkoholkranker Männer und Frauen, Hrsg. Anonyme Alkoholiker deutscher Sprache, 9. Auflage 1996.

AA wird mündig. Ein kurzer Abriß der Geschichte der Anonymen Alkoholiker, Hrsg. Anonyme Alkoholiker deutscher Sprache, 1990.

Melody Beattie, Mut zur Unabhängigkeit. Wege zur Selbstfindung und inneren Heilung. Das Zwölf-Schritte-Programm, München, 4. Auflage 1992.

Dr. Bob und die Guten Oldtimer. Eine Biographie mit Erinnerungen der ersten AA im Mittelwesten, Hrsg. Anonyme Alkoholiker deutscher Sprache, 1992.

Anselm Grün, Vergib dir selbst. Versöhnung – Vergebung. Münsterschwarzacher Kleinschriften, Band 120, 3. überarbeitete und akualisierte Auflage, Münsterschwarzach 2001.

Klaus Hemmerle, Das Haus des barmherzigen Vaters, Freiburg 1982.

Heute. Gedanken zum Tag. Betrachtungen von AA-Mitgliedern für AA-Mitglieder, Hrsg. Anonyme Alkoholiker deutscher Sprache, 1993.

Heinz Kappes, AA- und EA-Texte. Gesamtausgabe, Reden auf Treffen der Anonymen Alkoholiker und von Emotions Anonymous in den Jahren 1976–1986.

Kassettenbriefe. Vom Sinn der Lebens heute. Die Zwölf Schritte, Oberursel.

Anthony DeMello, Der springende Punkt. Wach werden und glücklich sein. 11. und erweiterte Neuauflage, Freiburg 2001.

Anthony DeMello, Wie ein Fisch im Wasser. Anleitung zum Glücklichsein, 7. Auflage, Freiburg 2001.

Mut zur Veränderung. Ein Tag nach dem anderen in Al-Anon II, Hrsg. Al-Anon Familiengruppen, 4. Auflage 1999.

Henri J. M. Nouwen, Nimm sein Bild in dein Herz. Geistliche Deutung eines Gemäldes von Rembrandt, Freiburg 1991.

24 Stunden am Tag. Hazelden Meditationsbücher, München, 3. Auflage 1990.

Zwölf Schritte und zwölf Traditionen, Hrsg. Anonyme Alkoholiker deutscher Sprache, 4. Auflage 1987.

Die Lebenskunst der Klöster
Münsterschwarzacher Kleinschriften

1	Anselm Grün, **Gebet und Selbsterkenntnis**	1979/2002
2	Basilius Doppelfeld, **Der Weg zu seinem Zelt**	1979
3	F. Ruppert/A. Grün, **Christus im Bruder**	1979/2004
5	André Louf, **Demut und Gehorsam**	1979
6	Anselm Grün, **Der Umgang mit dem Bösen**	1980/2001
7	Anselm Grün, **Benedikt von Nursia**	1979/2004
11	Anselm Grün, **Der Anspruch des Schweigens**	1980/2003
13	A. Grün, **Lebensmitte als geistliche Aufgabe**	1980/2001
14	Basilius Doppelfeld, **Höre – nimm an – erfülle**	1981
15	Edgar Friedmann, **Mönche mitten in der Welt**	1981
17	F. Ruppert/A. Grün, **Bete und Arbeite**	1982/2003
18	Jean Lafrance, **Der Schrei des Gebetes**	1983
19	Anselm Grün, **Einreden**	1983/2001
22	Anselm Grün, **Auf dem Wege**	1983/2002
23	Anselm Grün, **Fasten**	1984/2001
25	Guido Kreppold, **Die Bibel als Heilungsbuch**	1985/2004
26	A. Louf/M. Dufner, **Geistliche Vaterschaft**	1985
28	M. W. Schmidt, **Christus finden i. d. Menschen**	1985
29	Grün/Reepen, **Heilendes Kirchenjahr**	1985/2001
31	Basilius Doppelfeld, **Mission**	1985
32	Anselm Grün, **Glauben als Umdeuten**	1986/2002
36	Anselm Grün, **Einswerden**	1986/2003
37	Brakkenstein Com., **Regel f. e. neuen Bruder**	1986
39	Anselm Grün, **Dimensionen des Glaubens**	1987/2004
41	Johanna Domek, **Gott führt uns hinaus ins Weite**	1987
44	Anselm Grün/Petra Reitz, **Marienfeste**	1987/2001
46	Anselm Grün/Michael Reepen, **Gebetsgebärden**	1988/2002
47	Emmanuela Kohlhaas, **Es singe das Leben**	1988
50	Anselm Grün, **Chorgebet und Kontemplation**	1988/2002
52	A. Grün, **Träume auf dem geistlichen Weg**	1989/2001
57	Grün/Dufner, **Gesundheit als geistliche Aufgabe**	1989/2001
58	Anselm Grün, **Ehelos – des Lebens wegen**	1989/2003
59	Dumitru Staniloae, **Gebet und Heiligkeit**	1990
60	Anselm Grün, **Gebet als Begegnung**	1990/2001
61	Basilius Doppelfeld, **Mission als Austausch**	1990
62	Abeln/Kner, **Kein Weg im Leben ist vergebens**	1990/2003
63	R. Faricy/R. J. Wicks, **Jesus betrachten**	1990

64 Anselm Grün, Eucharistie und Selbstwerdung 1990/2002
65 Basilius Doppelfeld, Ein Gott aller Menschen 1991
66 Abeln/Kner, Wie werde ich fertig m. m. Alter? 1992/2002
67 A. Grün, Geistl. Begleitung b. d. Wüstenvätern 1992/2002
68 Anselm Grün, Tiefenpsych. Schriftauslegung 1992/2002
71 Anselm Grün, Bilder von Verwandlung 1993/2001
73 Wunibald Müller, Meine Seele weint 1993/2001
75 Herbert Alphonso, Die Persönliche Berufung 1993/2002
76 Anselm Grün/Gerhard Riedl, Mystik und Eros 1993/2001
77 Gabriele Ziegler, Der Weg zur Lebendigkeit 1993
79 Fidelis Ruppert, Der Abt als Mensch 1993
80 Boniface Tiguila, Afrikanische Weisheit 1993
81 Anselm Grün, Biblische Bilder von Erlösung 1993/2001
82 A. Grün/M. Dufner, Spiritualität von unten 1994/2002
84 Mauritius Wilde, Ich versteh' dich nicht! 1994/2004
85 R. Abeln/A. Kner, Das Kreuz mit dem Kreuz 1994
86 Fidelis Ruppert, Mein Geliebter, die riesigen Berge 1995
87 Basilius Doppelfeld, Zeugnis und Dialog 1995
90 Fidelis Ruppert, Intimität mit Gott 1995/2002
92 Anselm Grün, Leben aus dem Tod 1995/2001
93 Anselm Grün, Treue auf dem Weg 1995
94 Edgar Friedmann, Ordensleben 1995
95 Hermann M. Stenger, Gestaltete Zeit 1996
96 Basilius Doppelfeld, Bleiben 1996
97 Christian Schütz, Mit den Sinnen glauben 1996
98 Karin Johne, Wortgebet und Schweigegebet 1996
99 Anselm Grün, Das Kreuz 1996/2005
100 A. Grün/A. Seuferling, Schöpfungsspiritualität 1996/2002
101 Basilius Doppelfeld, Lassen 1996
102 Anselm Grün, Wege zur Freiheit 1996/2003
103 G. Kreppold, Krisen – Wendezeiten im Leben 1997/2001
104 Irmgard und Peter Abel, Familienleben 1997/2002
106 Anselm Grün, Exerzitien für den Alltag 1997/2001
107 Karl-Friedrich Wiggermann, Das geistliche Wort 1997
108 F. Ruppert/A. Stüfe, Der Abt als Arzt ... 1997
109 H. Nouwen, Unser Heiliges Zentrum finden 1998/2003
110 Georg Braulik, Zivilisation der Liebe 1998
111 Wunibald Müller, Wenn du ein Herz hast ... 1998
112 G. Kreppold, Selbstverwirkl. od. Selbstverleugnung? 1998
113 Basilius Doppelfeld, Erinnern 1998

114 Anselm Grün, **Zerrissenheit** 1998/2001

115 K.-F. Wiggermann, **Spiritualität und Melancholie** 1998

116 Reinhard Körner, **Was ist Inneres Beten?** 1999/2002

117 Christa Carina Kokol, **Wie bist du, Gott?** 1999

118 Gabriele Ziegler, **Sich selbst wahrnehmen ...** 1999

120 Anselm Grün, **Vergib dir selbst** 1999/2001

121 D. Koller, **Trinitarisch glauben, beten, denken** 1999

122 G. Kreppold, **Träume – Hoffnung für das Leben** 1999/2001

124 Basilius Doppelfeld, **Loslassen und neu anfangen** 2000/2002

126 Pierre Stutz, **Licht in dunkelster Nacht** 2000/2001

127 Wunibald Müller, **Dein Herz lebe auf** 2000/2002

128 Anselm Grün, **Entdecke das Heilige in Dir** 2001

129 Guido Kreppold, **Esoterik** 2001

130 Mauritius Wilde, **Der spirituelle Weg** 2001

131 J. Domek, **Metanoia – 12 Schritte a. d. Abhängigkeit** 2001

132 Alfred Läpple, **Der überraschende Gott** 2002

133 Johanna Domek, **Die Sehnsucht weiß mehr** 2002

134 Klaus-Stefan Krieger, **Gewalt in der Bibel** 2002

135 Hubert Luthe/Máire Hickey, **Selig bist du** 2002

136 Meinrad Dufner, **Schöpferisch sein** 2002

137 B. Ulsamer/M. Hell, **Wie hilft Familien-Stellen?** 2003

138 Lothar Kuld, **Compassion – Raus aus der Ego-Falle** 2003

139 Peter Abel, **Neuanfang in der Lebensmitte** 2003

140 Wunibald Müller, **Dein Weg aus der Angst** 2003

141 Klaus-Stefan Krieger, **Was sagte Jesus wirklich?** 2003

142 A. Grün/R. Robben, **Gescheitert? – Deine Chance!** 2003

143 Meinrad Dufner, **Rollenwechsel** 2004

144 Bertold Ulsamer, **Zum Helfen geboren** 2004

145 A. Grün/W. Müller, **Was macht Menschen krank ...?** 2004

146 Peter Modler, **Lebenskraft Tradition** 2004

147 Gruber/Steins, **Mit Gott fangen die Schwierigkeiten ...** 2005

148 Guido Kreppold, **Die Kraft des Mysteriums** 2005

149 Peter Modler, **Gottes Rosen** 2005

150 Jonathan Düring, **Der Gewalt begegnen** 2005

151 Wunibald Müller, **Allein, aber nicht einsam** 2005

152 B. Ulsamer, **Lebenswunden – Hilf. z. Traumabewältig.** 2006

153 Olav Hanssen, **Dein Wille geschehe** 2006

154 Reinhard Körner, **Dunkle Nacht** 2006

VIER-TÜRME-VERLAG

Telefon 09324/20-292 · Telefax 09324/20-495

Bestellmail: info@vier-tuerme.de / www.vier-tuerme-verlag.de